1000 datos de la historia europea y 50 historias reales

Un viaje a través de los momentos y personajes más destacados de Europa

Índice de contenidos

Primera Parte: Historia de Europa

1000 datos interesantes de la historia de Europa

Introducción

La historia de Europa está llena de historias increíbles y acontecimientos complejos. Desde el Paleolítico Superior hasta la caída del muro de Berlín, cada época configuró el continente europeo de forma única. **Este libro ofrece una visión de esta vasta y variada historia explorando docenas de acontecimientos clave que han afectado a Europa a lo largo de su historia.**

El texto comienza con una mirada a la vida en **Eurasia occidental durante el Paleolítico Superior,** hace unos cuarenta mil años. **Se explora cómo se desarrolló la sociedad humana a lo largo de milenios** y cómo se introdujeron las prácticas agrícolas durante la Revolución Neolítica.

A continuación, se adentra en **la impresionante civilización minoica de la antigua Grecia**, a la que siguió **la civilización micénica.** Explore datos interesantes sobre **la República romana y las guerras greco persas.** Descubra más información sobre la **coronación de Carlomagno** en el año 800 y **las invasiones vikingas** que comenzaron en 790.

Conozca cómo se forjó la Europa actual a través de revoluciones y conflictos cruciales como **la Revolución francesa** y **las guerras napoleónicas.**

El libro concluye explorando algunos de los acontecimientos europeos más significativos de la historia moderna, como la Primera y la Segunda Guerra Mundial, la guerra fría y la guerra de Independencia griega, entre muchas otras.

Prepárese para viajar en el tiempo y descubrir la increíble **historia de Europa.**

Paleolítico Superior
[40.000-8.000 a. C.]

Descubra los secretos de la última parte de la Edad de Piedra en esta sección. Conozca veinte **hechos intrigantes sobre cómo vivía la gente durante este periodo**. ¿Usaban el fuego? ¿Creían en dioses? ¿Dejaban algún tipo de registro? ¡Descubra las respuestas a estas preguntas!

1. **El Paleolítico Superior fue la última parte de la Edad de Piedra.** Comenzó hace unos cuarenta mil años en Europa.

2. **Durante este período, las personas vivían en sociedades de cazadores-recolectores y fabricaban herramientas de piedra**, que utilizaban para cazar animales como mamuts, bisontes y ciervos.

3. **Los seres humanos comenzaron a utilizar el fuego durante este período para cocinar alimentos,** mantenerse calientes en climas fríos y tener luz por la noche.

4. **Comenzaron a crear arte pintando en las paredes de las cuevas** y tallando esculturas de hueso o marfil.

5. **Más de seiscientas pinturas murales adornan Lascaux, un complejo de cuevas en Francia**. Se discute la antigüedad de estas pinturas, pero la mayoría de los arqueólogos coinciden en que tienen alrededor de diecisiete mil años.

6. **Los arqueólogos han descubierto varios yacimientos de aldeas por toda Europa** que datan de entre el 18.500 y el 8.000 a. C.

7. **En algunas zonas de Europa, como Francia y España, existió una cultura llamada solutrense,** que duró desde alrededor del 22.000 al 17.500 a. C.

8. **La tecnología utilizada por los solutrenses incluía lanzas** con puntas afiladas hechas de huesos que lanzaban a grandes distancias.

9. **El nombre proviene de la región francesa de Solutré**, donde se encontraron los primeros restos de puntas de lanza con esa tecnología.

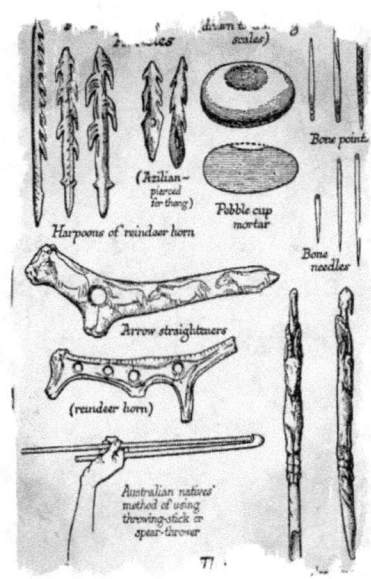

10. Otro grupo de tribus conocido como **los gravettianos florecíó en Europa central entre el 28.000 y el 22.000 a. C.** Estos pueblos utilizaban caballos para cazar animales salvajes, como los renos.

11. **La cultura gravetiense es bien conocida por sus herramientas**, como las puntas gravette, que se utilizaban para cazar grandes animales.

12. **En algunas partes de Europa, empezaron a enterrar a los muertos en tumbas o fosas** con ofrendas como joyas y comida. Esto es señal de que habían desarrollado creencias espirituales.

13. **Las poblaciones de esta región comenzaron a comerciar con otras culturas durante este período.**

14. **Se produjo un aumento del tamaño de la población a medida que las personas viajaban** en busca de nuevos recursos.

15. **En el Paleolítico Superior se usaban prendas de piel y de cuero.** También usaban joyas hechas con huesos de animales o conchas.

16. **La cerámica no se popularizaría hasta mucho más tarde.** En esta época, la mayoría de los seres humanos preparaban la comida directamente al fuego.

17. **Aunque hay pruebas de que los humanos del Paleolítico Superior hablaban diferentes lenguas**, no está claro si estas lenguas estaban relacionadas con el grupo lingüístico indoeuropeo predominante, a partir del cual se desarrollaron las lenguas europeas posteriores.

18. **En lo que hoy es Rusia y Ucrania, se cultivaban cereales silvestres** como el centeno y el trigo, lo que permitía a los habitantes de esas regiones producir sus alimentos en lugar de depender por completo de la caza y la recolección.

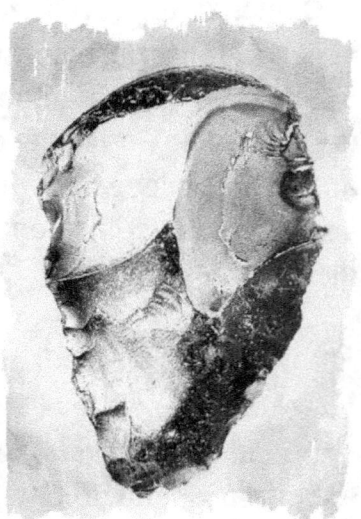

19. Hacia el final del **Paleolítico Superior** (alrededor del 12.000 a. C.), algunas partes de **Europa experimentaron temperaturas muy frías**, lo que limitó los recursos como plantas, animales y fuentes de agua.

20. **Los seres humanos se vieron obligados a adoptar un estilo de vida más sedentario.** La agricultura se hizo más común que la caza y la recolección. El momento en el que más se aceleró este proceso fue durante la Revolución Neolítica.

Periodo Mesolítico y Revolución Neolítica (8000-4500 a. C.)

Descubra **veinte datos interesantes sobre la vida cotidiana durante el Mesolítico y la Revolución Neolítica**. Entérese de cómo vivía la gente durante esta época, desde cómo eran sus hogares hasta lo que comían.

21. **Los arqueólogos lo llaman período Mesolítico, que significa Edad de Piedra «Media».** El Mesolítico está entre el Paleolítico (Antigua Edad de Piedra) y el Neolítico (Nueva Edad de Piedra).

22. Durante este período, **la gente construía sus casas con materiales como pieles de animales, cañas, ramas y arcilla** mezclada con agua para formar paredes que los protegieran del viento y la lluvia.

23. **La pesca era una importante fuente de proteínas para muchas comunidades europeas.** Algunas personas tenían embarcaciones especiales que les permitían pescar con mayor facilidad en masas de agua más extensas o más lejos de las costas.

24. **La Revolución Neolítica comenzó hace unos diez mil años,** cuando los seres humanos empezaron a cultivar y criar animales para alimentarse en lugar de depender únicamente de la caza y la recolección.

25. **En este periodo surgieron los primeros asentamientos permanentes en Europa,** así como prácticas agrícolas a gran escala, que condujeron a un aumento de la densidad de población en regiones como Gran Bretaña y el norte de Francia.

26. **La Revolución Neolítica trajo consigo diferentes avances tecnológicos**, como la aparición de las hachas pulidas en Europa. Estas herramientas podían utilizarse para cortar leña y talar árboles más rápido que nunca.

27. **A medida que aumentaba la población, también lo hacía el comercio**. Se intercambiaban bienes entre diferentes zonas y grupos que no tenían algunos bienes en sus territorios, normalmente metal y otras materias primas.

28. Hacia el 4500 a. C. (el final de esta era), **las sociedades se habían complejizado mucho**. Surgieron diferentes clases sociales debido al aumento de las riquezas derivadas del comercio o de las conquistas militares.

29. **En esta época se empezó a producir cerámica**. Las vasijas de cerámica servían para fines decorativos y prácticos en el hogar.

30. **La combinación de la agricultura y la ganadería dio lugar a excedentes de producción**, que debían almacenarse en los nuevos graneros para conservarlos durante mucho tiempo.

31. **La religión se convirtió en una parte importante de la vida**. Se cree que en esta época de la historia europea empezaron a celebrarse muchas ceremonias religiosas.

32. **El ganado vacuno era uno de los animales que se criaban en Europa en esta época**. Era una valiosa fuente de proteínas y las pieles también se utilizaban para varios fines.

33. **Las evidencias arqueológicas sugieren desarrollos en la práctica de la herboristería (el uso de plantas como medicina) durante este periodo**, aunque estas prácticas habían surgido miles de años antes.

34. **Se cree que la Revolución Neolítica se extendió a Europa desde Mesopotamia**, donde estos avances se produjeron un par de miles de años antes.

35. **Esto significó que destacados cultivos del sudoeste asiático también se introdujeron en Europa durante esta época, como la cebada y el trigo farro**.

36. **La Revolución Neolítica vio el surgimiento de monumentos y altísimas estructuras de piedra llamadas megalitos,** que se utilizaban para rituales, celebraciones o entierros.

37. **Entre los megalitos neolíticos más conocidos de Europa se encuentran Stonehenge, en Inglaterra, y las Piedras de Carnac, en el noroeste de Francia.**

38. **La expresión artística floreció durante el Mesolítico.** En toda Europa se crearon pinturas rupestres que representaban animales o escenas de la vida cotidiana mediante pigmentos naturales, como el ocre rojo.

39. **La domesticación de ovejas y cabras por su lana y leche tuvo un gran impacto en el desarrollo de Europa durante esta época.** Estos animales proporcionaban alimento y materiales con los que se fabricaba ropa, lo que era especialmente importante en climas fríos.

40. **Se cree que las mujeres desempeñaban roles importantes en sus comunidades, ya que recogían alimentos, cuidaban de los niños,** se ocupaban de las tareas domésticas e incluso participaban en ceremonias religiosas junto a los hombres.

Edad de Bronce
(3500-1200 a. C.)

La **Edad de Bronce** en Europa fue una época notable de innovación y crecimiento. **Por primera vez se fabricaron herramientas y armas de bronce**, lo que favoreció la movilidad y el comercio. En este capítulo, se exploran veinte datos interesantes sobre la Edad de Bronce, incluidos datos sobre los sistemas de escritura y la guerra.

41. **La Edad de Bronce fue una época en Europa en la que se fabricaban herramientas y armas de bronce, una aleación de cobre y estaño.**

42. **Las herramientas de bronce eran mucho más fuertes que las de piedra que se utilizaban antes.**

43. **Los sistemas de escritura más antiguos conocidos en Europa surgieron en el mar Egeo. Fueron la escritura jeroglífica lineal A, el sistema ciprino y el cretense, que se desarrollaron en Europa** durante la primera mitad del segundo milenio a. C.

44. **El sistema de escritura europeo más antiguo que se ha descifrado completamente es el lineal B**, que data aproximadamente del año 1400 a. C. durante la Edad de Bronce tardía en Grecia.

45. **La escritura lineal B fue descifrada en 1952 y consta de más de ochenta signos silábicos**, así como de más de cien ideogramas que denotan objetos en la escritura y no pueden pronunciarse fonéticamente.

46. **La fundición del bronce se extendió gradualmente por toda Eurasia occidental.** Algunas pruebas indican que pudo haberse desarrollado de forma independiente en distintos lugares de la región.

47. **A partir del 3500 a. C., el bronce se extendió gradualmente por toda Europa**, desde el sureste (las islas del Egeo, los Balcanes y el Cáucaso) hasta Europa occidental.

48. **La Edad de Bronce fue un periodo de grandes cambios sociales en Europa.** Surgieron nuevas formas de gobierno y se construyeron grandes ciudades, como Cnosos, en la isla de Creta.

49. **Los arqueólogos han encontrado pruebas de que algunas comunidades de la Edad de Bronce enterraban a sus muertos en tumbas llenas de objetos valiosos como joyas o armas de bronce.**

50. **En la Edad de Bronce se produjo una expansión de los intercambios y el comercio** debido a la mayor disponibilidad de herramientas y armas de metal.

51. **En toda Europa se han encontrado evidencias claras de guerras** en esta época, lo que sugiere que los conflictos eran habituales.

52. **Las espadas de bronce fueron utilizadas por los ejércitos europeos durante este período.**

53. **Las mujeres desempeñaban un papel importante en la sociedad.** Podían ser sacerdotisas o incluso gobernantes. Sin embargo, los hombres gobernaban con más frecuencia.

54. **El bronce se utilizaba para fabricar joyas y obras de arte como adornos y escudos decorados.**

55. **Se cree que las primeras civilizaciones europeas complejas surgieron durante la Edad de Bronce,** probablemente debido a avances tecnológicos y culturales que hicieron posible vivir en grandes comunidades.

56. **Inicialmente, estas civilizaciones se situaron en torno al mar Mediterráneo** debido a que había condiciones de vida más favorables y las civilizaciones de Egipto y Mesopotamia estaban cerca.

57. **A finales de esta era, el carro se estaba convirtiendo en una parte importante de la guerra y el transporte** debido a su velocidad en comparación con caminar o montar a caballo.

58. **La producción de cerámica experimentó un rápido crecimiento,** con vasijas cada vez más grandes y decoradas de forma más compleja.

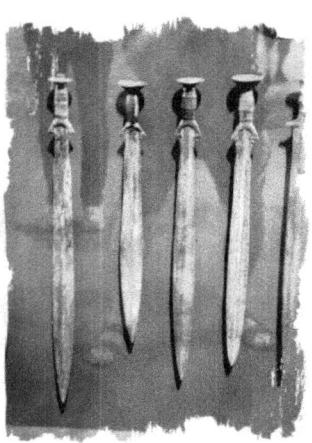

59. **El uso de herramientas de bronce permitió a los seres humanos desarrollar la minería, construir estructuras complejas y tener armas** mucho más eficientes que las anteriores.

60. **La Edad de Bronce terminó cuando el hierro sustituyó al bronce como metal preferido** para herramientas y armas, dando paso a una nueva era, conocida como la Edad de Hierro.

El auge de la civilización minoica
(aprox. 3000-1100 a. C.)

Este capítulo explora la increíble historia de la civilización minoica, una de las primeras grandes civilizaciones de Europa. Se analiza una impresionante variedad de datos sobre la cultura, las creencias y el arte de estos pueblos. Descubra por qué esta antigua sociedad tuvo un impacto tan grande en civilizaciones posteriores como la antigua Grecia y Roma.

61. **La civilización minoica se considera la primera civilización de Europa.** Comenzó alrededor del año 3000 a. C.

62. **Los minoicos eran principalmente agricultores que vivían en islas frente a la costa de la Grecia continental, como Creta.**

63. **Construyeron impresionantes palacios con grandes patios, almacenes, talleres y apartamentos privados para la realeza y otras personas importantes.** Se han encontrado palacios minoicos en **Cnosos y Festos.**

64. **El palacio de Minos en la isla de Cnosos,** por ejemplo, es un lugar que sirvió de centro religioso y administrativo, además de ser la residencia real, lo que constituye un testimonio de **la sofisticación de la cultura minoica.**

65. **Desarrollaron la escritura lineal A**, que aún no ha sido totalmente descifrada.

66. **Se cree que su cultura se basaba en el comercio marítimo, debido a su ubicación junto al mar Mediterráneo.** Estaban conectados con otras civilizaciones, como Egipto, Siria y Anatolia.

67. **Los minoicos tenían una rica tradición artística que incluía alfarería, metalurgia y joyería.** Muchos artefactos supervivientes se encuentran ahora en museos de todo el mundo.

68. **Eran conocidos por sus hermosos frescos e intrincados diseños en relieve** que representaban escenas de la naturaleza, personas y animales.

69. **Se cree que los minoicos inventaron el fresco**, una técnica que hace que los pigmentos se conviertan en parte de la pared.

70. **Creían en muchos dioses, incluidos los que representaban a la naturaleza.** Por ejemplo, creían que las serpientes eran dioses de la fertilidad y los toros de la fuerza.

71. **Desarrollaron técnicas arquitectónicas avanzadas, como arcos y columnas para soportar el peso de los edificios,** ¡algunos de estos alcanzaban hasta tres pisos de altura!

72. **La civilización minoica es famosa por poseer uno de los laberintos más antiguos jamás construidos.** Se cree que este sinuoso laberinto lleno de pasadizos y cámaras secretas se encontraba en el palacio de Cnosos de Creta.

73. **A diferencia de otras civilizaciones antiguas, las mujeres a menudo ocupaban puestos más altos que los hombres en la sociedad.** Algunas incluso eran sacerdotisas en importantes lugares religiosos como el palacio de Cnosos.

74. **Los minoicos construyeron complejos sistemas de irrigación para llevar agua dulce a las ciudades y sus alrededores,** lo que les permitió desarrollar y avanzar en varios métodos agrícolas.

75. **Eran hábiles navegantes. ¡Sus barcos llegaron a viajar hasta Egipto y Siria!**

76. **Esta civilización recibe su nombre de Minos, un personaje de la mitología griega** que era rey de Creta, hijo de Zeus y Europa.

77. **La civilización minoica decayó hacia el 1450 a. C.** Durante los siglos siguientes, fue dominada y finalmente tomada política y culturalmente por la civilización micénica de la Grecia continental.

78. **También se cree que la cultura minoica fue destruida por desastres naturales,** como terremotos y erupciones volcánicas, que causaron una destrucción masiva de las ciudades.

79. **Alrededor del 1600 a. C., por ejemplo, se cree que la erupción del volcán Thera causó una catástrofe ecológica en la región.**

80. **Hoy se sabe mucho más sobre esta civilización gracias a Sir Arthur Evans**, que descubrió muchos artefactos durante varias excavaciones arqueológicas que se realizaron entre 1900 y 1930 d. C.

Civilización micénica
(1750-1050 a. C.)

Descubra la fascinante historia de la civilización micénica. Explore veinte hechos interesantes sobre el estilo de vida de este periodo, incluyendo las fuertes influencias de la civilización minoica.

81. **Los micénicos fueron una antigua civilización que vivió durante la Edad de Bronce en Grecia**, aproximadamente entre el 1750 y el 1050 a. C.

82. **Mientras que los minoicos vivían en las islas griegas, los micénicos vivían principalmente en la Grecia continental.**

83. **Su cultura fue muy influenciada por la civilización minoica.** Ambas civilizaciones compartían estilos similares de cerámica, joyería y otros artefactos, así como rituales y costumbres religiosas.

84. **Debido a esto, a veces se hace referencia a la civilización micénica como la sucesora de la civilización minoica.**

85. **Los estudiosos creen que las historias épicas de Homero, la Odisea y la Ilíada**, se inspiraron en hechos reales que tuvieron lugar durante este período.

86. **Los arqueólogos han descubierto muchas tumbas y yacimientos por toda Grecia pertenecientes a gobernantes y nobles micénicos**. Han encontrado diversos artefactos de oro, armas y armaduras.

87. **Los micénicos comerciaban prolíficamente con otras civilizaciones cercanas, como Egipto, el Imperio hitita y Anatolia**. Intercambiaban bienes por metales preciosos como cobre, bronce y estaño.

88. **En cuanto a la organización política, el rey micénico, llamado *anax*, combinaba funciones militares, políticas y religiosas. Gobernaba el estado micénico.**

89. **La economía se basaba en gran medida en la agricultura.** Cultivaban trigo, cebada, aceitunas y uvas para producir vino o aceite de oliva, que se exportaba a toda la región mediterránea.

90. **La guerra desempeñaba un papel esencial en la sociedad.** Los guerreros utilizaban carros tirados por caballos o bueyes durante la batalla. **Los micénicos** iban armados con espadas, lanzas o arcos y flechas.

91. **La cerámica de este periodo representaba escenas de la vida cotidiana**, como campesinos trabajando, pescadores en alta mar o personas asistiendo a ceremonias religiosas.

92. **Los micénicos adoraban a dioses como Zeus, Poseidón, Artemisa y Hera y desarrollaron gran parte de la mitología griega**. Realizaban sacrificios para apaciguar a estas deidades.

93. **Su arquitectura era bastante avanzada para la época**. En casi todos los yacimientos micénicos importantes de Grecia se podían encontrar grandes palacios con techos abovedados hechos de **bloques de piedra llamados *megaron***.

94. **Los yacimientos arqueológicos de Micenas y Tirinto, situados en el Peloponeso**, son los dos lugares que contienen más evidencias de este periodo, incluyendo ruinas antiguas que aún hoy se mantienen en pie.

95. **El término «micénico» deriva de la ciudad griega de Micenas, una de las más poderosas y hogar del legendario rey Agamenón,** líder durante la guerra de Troya.

96. **Se cree que Agamenón y otras figuras de la historia micénica son una combinación entre la realidad y la leyenda.** Estas figuras se mencionan a menudo en relatos mitológicos.

97. **Los micénicos fabricaban joyas finas utilizando oro, plata y otras piedras preciosas como el lapislázuli o la cornalina.**

98. **Su arte y diseños se caracterizaban por formas geométricas, como círculos, triángulos, espirales y zigzags.**

99. **La lengua micénica formaba parte de la gran familia de lenguas indoeuropeas predominante,** pero contenía características que se perdieron con el tiempo y no influyeron en el griego antiguo posterior.

100. **La civilización micénica empezó a decaer alrededor del año 1200 a. C., durante el colapso de la Edad de Bronce.** Este acontecimiento sigue siendo un misterio, pero muchos especulan que fue causado por desastres naturales o por invasiones de tribus extranjeras.

La antigua Grecia
(800-146 a. C.)

En este capítulo se estudia la cautivadora historia de la antigua Grecia. Explore veinte datos interesantes sobre la cultura, las creencias y el gobierno. **Los antiguos griegos sentaron algunas bases muy importantes de las civilizaciones actuales**; ¡es hora de saber lo influyentes que fueron!

101. Tras el fin de la Edad de Bronce, los pueblos que habitaban la actual Grecia, **las islas del Egeo y partes del este de Anatolia entraron en un periodo de decadencia llamado la Edad Oscura griega.**

102. **Los habitantes de estas tierras se referían a sí mismos como helenos y a la tierra en la que vivían como Hellas.** Hablaban la misma lengua y compartían gran parte de la cultura, lo que contribuyó a la formación de una identidad común.

103. **Sin embargo, la antigua Grecia no era un estado unificado ni un imperio.** En cambio, estaba formada por muchas ciudades-estado, cada una con su propia forma de gobierno.

104. **Dos de las ciudades-estado más importantes eran Atenas y Esparta. Atenas tenía una forma temprana de democracia, mientras que Esparta era gobernada por dos reyes.**

105. **Las ciudades-estado griegas comenzaron a surgir tras el final de la Edad Media griega**, a partir del año 800 a. C. aproximadamente.

106. **Durante los siglos siguientes, las ciudades-estado desarrollaron rápidamente una cultura y una sociedad griega.** Puede decirse que, con el tiempo, la antigua Grecia se convirtió en la civilización más avanzada de su tiempo.

107. **Los griegos creían en una vida equilibrada, en la que la actividad física, la educación, la religión y el arte** desempeñaban un papel importante en la vida cotidiana.

108. **Practicaban la ciencia y las matemáticas,** lo que dio lugar a avances en astronomía, ingeniería, medicina, etc.

109. **La cultura de la antigua Grecia se extendió a través del comercio con otras regiones,** creando un intercambio cultural que todavía se puede ver en la Europa actual.

110. **Algunas ciudades-estado griegas como Atenas contaban con un desarrollado sistema de tribunales de justicia** que permitía a los ciudadanos acceder a la justicia sin temor a ser castigados por los gobernantes.

111. **La antigua Grecia disponía de un alfabeto adaptado de los comerciantes fenicios.** Tenía influencias de escrituras anteriores de la región y, de forma un poco modificada, se sigue utilizando para escribir en griego hoy en día.

112. **Los griegos adoraban a dioses como Zeus, Atenea, Apolo y Afrodita.** Representaban a estas deidades en estatuas y otras obras de arte. Los griegos también tenían templos, como el Partenón de Atenas, que sigue en pie hoy en día.

113. **Los antiguos griegos construyeron estadios para eventos deportivos** a los que acudían miles de personas para ver competiciones entre atletas de todo el mundo.

114. **En Olimpia, en el año 776 a. C., se celebraron los primeros Juegos Olímpicos.** ¡Se siguieron celebrando cada cuatro años durante doce siglos!

115. **Los avances en el pensamiento político y social, así como en la filosofía,** ayudaron a crear una compleja sociedad griega que influyó en las civilizaciones vecinas.

116. **La antigua Grecia es bien conocida por sus pensadores, como Sócrates, Platón y Aristóteles.** Estos hombres contribuyeron en gran medida al estudio del mundo y la realidad.

117. **Los filósofos griegos escribieron sobre la naturaleza humana, la ética y el gobierno en libros como *La República*.** Estos escritos se siguen utilizando hoy en día para entender la política.

118. **Los griegos crearon obras maestras del arte, como esculturas que representaban a dioses y héroes de la mitología, cerámicas pintadas con bellas escenas** e intrincadas joyas de oro y plata.

119. **Los arquitectos construyeron teatros donde se representaban obras para grandes audiencias.** Algunos famosos dramaturgos griegos antiguos son Sófocles y Eurípides.

120. **La antigua Grecia fue la cuna de la civilización occidental. Sus ideas, arte, lengua y literatura dieron forma a gran parte de Europa e incluso de Asia.**

Las guerras greco-persas
(499-449 a. C.)

Las guerras greco persas fueron importantes conflictos bélicos entre las antiguas ciudades-estado griegas y el Imperio persa. Esta sección explora veinte hechos sobre este importante hecho, como por ejemplo por qué estallaron estas guerras.

121. **Las guerras greco persas fueron una serie de guerras libradas entre las ciudades-estado griegas y el Imperio persa.** Comenzaron en el 499 a. C. y terminaron en el 449 a. C.

122. **Estos conflictos también se conocen como guerras persas o la Gran Guerra.** Las batallas de estas guerras tuvieron lugar tanto en la tierra como en el mar.

123. **En su apogeo, Persia se extendía desde los estados balcánicos de Europa hasta la India y hasta Egipto.** Era un poderoso actor en Oriente Próximo.

124. **Dos de las ciudades-estado más poderosas de la antigua Grecia en esta época eran Atenas y Esparta, que ejercían influencia sobre las ciudades-estado vecinas más pequeñas.** Lideraron la resistencia griega contra los persas.

125. **La región del Peloponeso estaba dominada por Esparta, una potencia militar** que fundó la Liga del Peloponeso en el siglo VI a. C., una alianza formada por las principales ciudades-estado independientes de la región.

126. **La causa inicial de las guerras tuvo su origen en desacuerdos sobre los derechos comerciales dentro de Jonia** (actual Turquía).

127. **Los gobernantes persas Darío I y Jerjes intentaron en varias ocasiones invadir la Grecia continental** y conseguir que las ciudades-estado se sometieran a su dominio. Sin embargo, estas invasiones fracasaron.

128. **Los griegos vencieron a pesar de estar en inferioridad numérica utilizando tácticas inteligentes,** como retrasar a los persas mientras llegaba ayuda de sus aliados.

129. **Una de las batallas más famosas de estas guerras fue la batalla de Maratón, que tuvo lugar en el año 490 a. C.** El ejército griego derrotó a la fuerza invasora persa utilizando estrategias y tácticas militares superiores.

130. **La maratón se inspiró en la batalla de Maratón. Se dice que Filípides, el mejor corredor de Atenas, corrió de Maratón a Atenas para dar la noticia de la victoria en esta batalla.** Después de anunciar la victoria, cayó muerto.

131. **Las victorias de los griegos en el mar se debieron principalmente a sus barcos,** más pequeños, pero más ágiles, que superaban a los grandes y pesados barcos persas.

132. **Esparta fue una de las principales fuerzas griegas en la lucha contra Persia durante este periodo.** Esparta era conocida por su tradición militar y sus hoplitas bien entrenados.

133. **Durante las guerras greco-persas, un famoso líder ateniense llamado Temístocles** utilizó una estrategia naval innovadora para derrotar a una flota persa mucho mayor en Salamina, en el 480 a. C.

134. **La batalla de las Termópilas, en el 480 a. C., es otra batalla legendaria de estas guerras.** La película *300* está basada en este conflicto. Trescientos guerreros espartanos, setecientos tespios y cientos de ilotas se enfrentaron a un número abrumador de persas. Los griegos se batieron a muerte y vencieron.

135. **En el 479 a. C., Grecia experimentó su mayor victoria sobre los persas en la batalla de Platea,** cuando 10.000 griegos derrotaron a 100.000 persas dirigidos por Jerjes.

136. **En el 478 a. C., Atenas fundó la Liga Délica, una confederación de ciudades-estado griegas con el propósito de luchar contra el Imperio persa.** La Liga Délica incluía muchas islas griegas del Egeo, por lo que se convirtió en la fuerza naval más poderosa de la región.

137. **La guerra terminó cuando ambas partes acordaron poner fin a las hostilidades mediante la Paz de Calias en el 449 a. C.** La paz concedió autonomía a las ciudades-estado jónicas y a los asentamientos en Asia Menor, y los barcos persas quedaron excluidos de entrar en el Egeo.

138. **Tras la conclusión de estas guerras**, Atenas se convirtió en una de las principales potencias del antiguo mediterráneo.

139. **Tras las guerras greco-persas**, Grecia vivió su edad de oro. En este periodo florecieron el arte, la literatura y la filosofía.

140. **Tras las guerras greco-persas también se produjo tensión entre las dos alianzas lideradas por Atenas y Esparta,** que concluyó con el estallido de la guerra del Peloponeso entre ambos bandos, en el año 431 a. C.

141. **Este conflicto duró hasta el 404 a. C. y se desarrolló en varias fases,** durante las cuales los dos bandos se disputaron la hegemonía y la influencia predominante en el mundo griego antiguo.

142. **Los espartanos adoptaron una política agresiva y atacaron a los atenienses y a sus aliados con** su ejército de hoplitas que eran considerados unos de los mejores soldados del mundo antiguo.

143. **La estrategia ateniense, por su parte,** consistía en la contención en tierra y la confianza en los ataques navales y los bloqueos, ya que **la Liga Délica, liderada por los atenienses,** era superior en el mar.

144. **La guerra del Peloponeso terminó con la derrota de Atenas y sus aliados** en el año 404 a. C., y Esparta se erigió durante un tiempo como ama de la antigua Grecia.

145. **Unos cien años después de la conclusión de las guerras greco-persas, Alejandro Magno, del Reino de Macedonia,** unificó casi toda Grecia y acabó con el Imperio persa.

Alejandro Magno y la Liga Helénica

Este capítulo navega a través de acontecimientos cruciales, desde las turbulencias que siguieron a la guerra del Peloponeso hasta las ambiciones de **Filipo II de Macedonia.** Explore el extraordinario reinado de **Alejandro Magno**, cuyas conquistas remodelaron el mundo antiguo, dejando tras de sí un legado de helenización.

146. Tras el final de la **guerra del Peloponeso**, Atenas fue gobernada brevemente por un grupo de oligarcas conocidos como **los treinta tiranos**.

147. **Los treinta tiranos fueron instalados por Esparta** para mantener a Atenas bajo la influencia espartana.

148. **Los treinta tiranos fueron derrocados un año después** y el dominio espartano en la región se vio desafiado por **la guerra de Corinto** (395-387 a. C.).

149. Durante esta guerra, **Atenas, ayudada por las ciudades-estado de Corinto, Argos y Tebas, luchó contra Esparta.** Nadie logró una victoria decisiva, lo que provocó el debilitamiento de ambos bandos.

150. **La Paz de Antálcidas se acordó en el 387 a. C.** después de que el Imperio persa interviniera del lado de las ciudades-estado aliadas y las ayudara contra los espartanos.

151. **Tras la conclusión de la guerra, la ciudad-estado de Tebas** se aprovechó del debilitado estado de Esparta y se rebeló contra la hegemonía espartana en el 378 a. C.

152. **Tebas derrotó a Esparta en la batalla de Leuctra,** en el 371 a. C., dando lugar a un breve período de hegemonía tebana sobre Grecia, que duró hasta el 362 a. C.

153. En el 362 a. C., tuvo lugar **la batalla de Mantinea**. Epaminondas, un líder que había ayudado a Tebas a subir al poder, murió en la batalla, provocando un declive del poder tebano.

154. **La inestabilidad en la región hizo que las ciudades-estado griegas fueran mucho más débiles a mediados del siglo IV a. C.** que antes del comienzo de las guerras greco-persas.

155. **La inestabilidad también provocó el auge de las ideas panhelénicas entre los griegos,** que preferían la unidad política en lugar del *statu quo* de las ciudades-estado.

156. **El Reino de Macedonia, un reino helenístico situado en el norte y construido en torno a la ciudad de Pella,** comenzó a ganar poder a mediados del siglo IV a. C.

157. **Macedonia había permanecido neutral durante la mayor parte de las guerras en Grecia** y se encontraba en una posición poderosa para emerger como una fuerza dominante en Grecia a finales de siglo.

158. **El rey Filipo II de Macedonia decidió imponer su influencia sobre las demás ciudades-estado,** en parte para unirlas contra la amenaza persa que se cernía sobre ellas.

159. **El rey Filipo formó la Liga de Corinto, una alianza de ciudades-estado sometidas a Macedonia.** La Liga celebró su primer consejo en Corinto después de que las fuerzas de Filipo salieran victoriosas contra Tebas y Atenas en la batalla de Queronea, en el 338 a. C.

160. **El rey macedonio propuso una alianza defensiva entre las ciudades-estado del sur de Grecia** (excepto Esparta, que se negó). Filipo se negó a imponer su autoridad por la vía militar.

161. **Cuando murió, lo sucedió su hijo y heredero Alejandro III,** que luego fue conocido como **Alejandro Magno** y se convirtió en uno de los gobernantes más consumados de todos los tiempos.

162. **La primera política de Alejandro fue someter a las ciudades-estado griegas** y realizó extensas campañas para lograrlo durante los primeros años de su reinado en los Balcanes.

163. En el 335 a. C., **Alejandro derrotó decisivamente a los tebanos y destruyó la ciudad de Tebas**, lo que obligó a otras ciudades-estado a someterse a Alejandro.

164. **Alejandro también se aseguró las provincias fronterizas con posesiones persas** en Asia Menor para su guerra contra los aqueménidas.

165. **Alejandro logró la conquista completa del vasto Imperio persa,** pero fue en el mismo momento de su inesperada muerte, en el año 323 a. C.

166. **Alejandro logró victorias decisivas en las batallas de Gránico** (334 a. C.), **Issos** (333 a. C.), **Tiro y Gaza** (332 a. C.) y **Gaugamela** (331 a. C.), que le permitieron arrollar la resistencia persa y reclamar para sí tierras persas.

167. **Al entrar victorioso en las satrapías persas de Asia Menor, Levante, Egipto e Irán, Alejandro fue aceptado como el nuevo líder** y emergió como una de las figuras más poderosas de toda la antigüedad.

168. **Las conquistas de Alejandro llegaron hasta el río Indo, en el este.**

169. **Alejandro murió en Babilonia en el año 323 a. C.** No se sabe con certeza cuál fue la causa de su muerte, pero la mayoría de los estudiosos creen que murió de fiebre tifoidea o alguna otra enfermedad.

170. **El imperio de Alejandro se desintegró poco después de su muerte.** Los territorios que había ganado se repartieron entre sus generales en **las guerras de los Diadocos.**

171. **Las conquistas de Alejandro provocaron cambios socioculturales masivos en todo el mundo antiguo.** Dio lugar a la afluencia de colonos griegos en estas tierras y a un posterior proceso de helenización, la difusión de la cultura y las tradiciones griegas.

172. **El griego antiguo se convirtió en la lengua franca del mundo.** Las costumbres griegas se fusionaron con ricas tradiciones locales y produjeron variaciones regionales únicas durante los siguientes cientos de años.

173. **El periodo helenístico resultante estuvo marcado por grandes logros en las artes, la ciencia y la filosofía.**

174. **Los estados que sucedieron al imperio de Alejandro** se volvieron demasiado inestables y fueron conquistados por los romanos.

175. **El mundo griego antiguo dejó tras de sí un asombroso legado** que atestigua la importancia de esta época en la historia europea y mundial.

La República romana
(509-27 a. C.)

En este capítulo se explora la increíble historia de la República romana, otra de las primeras grandes civilizaciones de Europa. Conozca veinticinco datos interesantes sobre el gobierno, las religiones, las hazañas de la ingeniería, ¡y mucho más!

176. La ciudad de Roma fue fundada legendariamente en el año 753 a. C. por dos hermanos gemelos llamados Remo y Rómulo.

177. La civilización romana creció rápidamente alrededor de la ciudad de Roma, ocupando la mayor parte del centro de Italia en el siglo VI a. C.

178. Los romanos lucharon contra otros pueblos que vivían en la península, como los etruscos, que se concentraban sobre todo en el norte; y las ciudades-estado griegas, en el sur.

179. Los romanos hablaban la lengua latina, que originalmente era un dialecto hablado en la región del Lacio, en el centro de Italia.

180. Gracias a las victorias militares sobre sus vecinos, los romanos se convirtieron en la potencia más dominante de Italia. Más tarde, difundieron **la cultura latina** por otras partes del mundo.

181. A diferencia de la antigua Grecia, Roma fue inicialmente un reino. Su último rey, Tarquinio Superbo, fue derrocado hacia el 509 a. C. y se instauró una república.

182. La palabra «república» viene del latín *res publica*, **que significa «asunto público».** Designa a un estado en el que se supone que el pueblo ostenta el poder político.

183. Los romanos estaban muy influenciados por la cultura y el modo de vida griego. Adoptaron un sistema político similar al de los griegos, así como su complejo sistema de dioses.

184. **Los dioses romanos regían diferentes aspectos de la vida, como la guerra, la agricultura o la muerte, de forma muy parecida a los dioses griegos**. Los dioses romanos se correspondían con los dioses griegos, pero la mayoría tenían nombres diferentes. Por ejemplo, Zeus se llamaba Júpiter.

185. **Los romanos establecieron un poder legislativo llamado Senado**, que estaba compuesto por decenas y luego centenares de ciudadanos que ejercían de por vida como magistrados y eran elegidos por los cónsules.

186. **Los cónsules eran los dos líderes de la República romana. Su mandato duraba un año.** Tenían un poder especial llamado veto, que significaba que podían impedir que su colega hiciera algo si les parecía mala idea.

187. **En la República romana, la población estaba dividida en dos clases sociales: los patricios, que eran ricos terratenientes y propietarios de negocios**; y los plebeyos, que eran campesinos que trabajaban en granjas o en negocios pertenecientes a los patricios.

188. **La República romana estaba dividida en diferentes provincias**, que eran gobernadas por gobernadores, nombrados por el Senado en Roma.

189. **La legislación escrita más antigua de Roma fueron las *Doce tablas*, promulgadas por primera vez hacia el 450 a. C.** En ellas se reconfirmaban las distinciones de clase entre plebeyos y patricios y se reconocían los derechos de unos y otros.

190. **Los romanos eran grandes ingenieros**. Construyeron carreteras, algunas de las cuales siguen en pie hoy en día. También construyeron acueductos para trasladar el agua de un lugar a otro, puentes sobre los ríos y murallas alrededor de sus ciudades para protegerse de los enemigos.

191. **Todos los ciudadanos de la República romana tenían derechos, entre ellos el de votar las leyes y elegir a los funcionarios que los dirigirían.**

192. **Sin embargo, no todos podían ser ciudadanos. Solo los varones con ambos padres romanos.** Más tarde, los senadores y los emperadores concedieron la ciudadanía a todas las personas que vivían en el Imperio romano.

193. **Las luchas de gladiadores eran un entretenimiento popular entre los romanos**. Estos luchadores combatían entre sí utilizando armas como espadas o lanzas en eventos celebrados en grandes arenas.

194. **Los romanos construyeron una de las primeras versiones de alcantarillado para eliminar los residuos de las zonas públicas de sus ciudades**.

195. **Los romanos dieron mucha importancia a la educación y a la ciencia**, al igual que los griegos, dejando tras de sí un rico legado cultural.

196. **Roma era famosa por su ejército profesional**, que fue una de las razones clave por las que se estableció como estado poderoso.

197. **Las legiones romanas crearon formaciones complejas llamadas tortugas**, que permitían a los soldados moverse por los campos de batalla protegidos y con la posibilidad de atacar durante la batalla cuando era necesario.

198. **Los antiguos romanos tenían muchos tipos diferentes de soldados, incluyendo la caballería** (guerreros montados a caballo), **la infantería** (soldados que luchaban a pie) **y los auxiliares** (ciudadanos no romanos que servían como soldados).

199. **Aunque los romanos no inventaron el hormigón**, fueron los primeros en utilizarlo para la mayoría de sus proyectos de construcción, que incluían anfiteatros, templos y acueductos.

200. **Tras el establecimiento de la república, Roma expandió sus territorios**, convirtiéndose en dueña de Italia, el sur de Iberia y la costa norte de África. Más tarde, se convirtió en uno de los mayores imperios de la historia mundial.

El Imperio romano
(27 a. C.-476 d. C.)

El Imperio romano es uno de los periodos más emblemáticos e influyentes de toda la historia. Abarcó desde el 27 a. C. hasta el 476 d. C. y fue testigo de una gran expansión y una floreciente cultura. Conozca veinte datos sobre el Imperio romano.

201. **En el siglo I a. C., Roma se había expandido rápidamente, apoderándose de Grecia y parte de Anatolia.** También controlaba Iberia y el norte de África.

202. **El Senado tenía que gobernar un territorio muy extenso**, lo que era prácticamente imposible. Los comandantes y generales locales tenían mucho poder en las provincias romanas.

203. Durante el siglo I a. C., **la República romana sufrió conspiraciones internas y guerras civiles.** Los generales seguían expandiendo su poder.

204. **Julio César, uno de los generales más poderosos, que había conquistado la Galia**, marchó con sus fuerzas hacia Roma y tomó el control de la República en el año 45 a. C.

205. **Julio César fue asesinado en el 44 a. C. por varios senadores**. Tras este hecho, se formaron varias facciones, pero el hijo adoptivo y sucesor de Julio César, Augusto (antes conocido como Octavio), fue declarado emperador en el 27 a. C. por orden del Senado.

206. **Augusto recibió el título de *princeps*** (primer ciudadano) y se convirtió en el gobernante de facto de toda Roma.

207. **La dinastía Julio-Claudia, fundada por Augusto**, incluyó emperadores como **Tiberio, Calígula, Claudio y Nerón.**

208. **El Senado seguía existiendo, pero no tenía tanto poder**. Augusto redujo el número de senadores de novecientos a seiscientos.

209. En su apogeo, **el Imperio romano se extendía desde Britania hasta el norte de África y parte de Asia Menor** (actual Turquía).

210. **Durante la *Pax romana*** (la Paz romana), que duró desde el 27 a. C. hasta el 180 d. C., hubo estabilidad en el Imperio romano, aunque seguían produciéndose guerras con fuerzas exteriores.

211. Desde finales del siglo I hasta el siglo II de nuestra era, Roma fue gobernada por cinco emperadores consecutivos, conocidos como los cinco buenos emperadores.

212. Este término fue acuñado por Nicolás Maquiavelo en el siglo XVI para describir el período de estabilidad de Roma bajo el gobierno de Nerva, Trajano, Adriano, Antonino Pío y Marco Aurelio.

213. Maquiavelo creía que la prosperidad del Imperio romano se debía a que los emperadores elegían a sus herederos.

214. Trajano, emperador entre el 98 y el 117 d. C., llevó al Imperio romano a su mayor extensión territorial, incluyendo la conquista de Dacia (actual Rumania) y partes de Mesopotamia.

215. Marco Aurelio, que reinó del 161 al 180 d. C., no solo fue uno de los emperadores más exitosos de Roma, sino que se hizo un nombre debido a sus contribuciones a la filosofía del estoicismo.

216. Sus *Meditaciones*, una serie de escritos personales en griego *koiné* que fueron compuestos por el emperador para su uso personal, se convirtieron en uno de los libros filosóficos más vendidos de la historia.

217. El latín se convirtió en la lengua común que unía a todos los pueblos que vivían bajo el dominio de Roma, lo que les ayudaba a mantenerse conectados.

218. La Crisis del Siglo III (235-284 d. C.) fue un periodo de inestabilidad política, militar y económica caracterizado por frecuentes cambios de emperadores e invasiones de tribus externas.

219. Con el fin de controlar mejor los vastos territorios del Imperio, el emperador Diocleciano introdujo un sistema llamado la tetrarquía en el 286 d. C.

220. La tetrarquía era una división de las tierras romanas en dos unidades administrativas, Oriente y Occidente, cada una gobernada por un augusto distinto y un subalterno llamado césar. Algunos emperadores posteriores gobernaron ambas partes.

221. **Dioocleciano también introdujo otras reformas administrativas y económicas que ayudaron a estabilizar la situación del imperio a finales del siglo III.**

222. **La división del imperio se hizo definitiva en el 395 tras la muerte del emperador Teodosio I,** el último emperador de la Roma unida. Sus hijos, Honorio y Arcadio, se convirtieron en los emperadores del Imperio romano de Occidente y de Oriente, respectivamente.

223. **El emperador Constantino el Grande**, que gobernó del 306 al 337 d. C., construyó una nueva residencia imperial en el **estrecho del Bósforo**. Esta ciudad, Constantinopla, se convirtió en la capital del Imperio romano de Oriente.

224. **Al principio, el cristianismo fue perseguido por los emperadores. Nerón** y otros fueron tristemente célebres por su trato brutal y su odio hacia los cristianos.

225. **Constantino el Grande legalizó el cristianismo con el Edicto de Milán** en el 313 d. C., y así puso fin a la persecución de los cristianos en el imperio.

226. **En el 380 d. C., el emperador Teodosio declaró el cristianismo religión oficial de Roma**, a lo que siguió un paulatino desarraigo de las prácticas paganas en todos los territorios del imperio.

227. **El muro de Adriano fue construido por los romanos en el 122 d. C.** para protegerse de los bárbaros del norte de Inglaterra y Escocia.

228. En el 475 d. C., **Rómulo Augusto se convirtió en el último emperador del Imperio romano de Occidente.** Su reinado terminó un año más tarde, cuando Roma fue invadida por el general bárbaro Odoacro.

229. A partir del 476 d. C., **el poder se alejó de Roma** y se formaron pequeños reinos que controlaban diferentes partes de Europa.

230. **La caída del Imperio romano condujo a la Edad Media**, un período de Europa en el que no había un gobierno centralizado y la gente dependía más de los gobernantes locales para asegurar su protección.

El periodo migratorio
(375-700 d. C.)

En este capítulo se explora el periodo migratorio en Europa, un periodo de intensos movimientos y cambios. Conozca veinte datos interesantes sobre la influencia de estas migraciones en Europa.

231. **El periodo migratorio fue una época de migraciones a gran escala de diferentes pueblos tribales del este de Europa hacia el oeste.**

232. **El periodo migratorio dio lugar a muchas invasiones bárbaras en las tierras del Imperio romano.** Algunas de estas tribus, como los ostrogodos y los visigodos, participaron en la caída del Imperio romano de occidente en 476.

233. **Es difícil saber con certeza cuántas personas emigraron durante este tiempo,** pero las estimaciones no superan los 750.000.

234. **Las tribus germánicas emigraron hacia el norte y el oeste de Europa desde su tierra natal, cerca del mar Negro, en el este de Europa.**

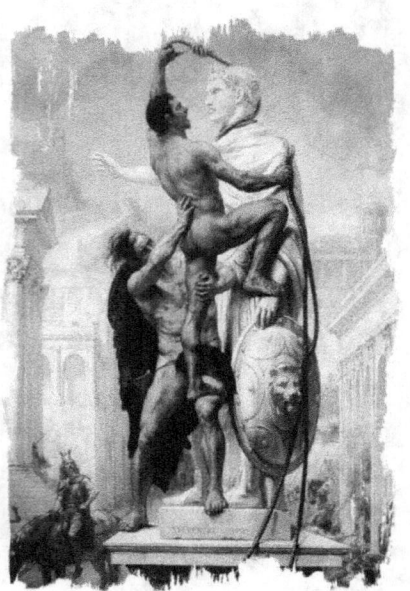

235. **Estas tribus incluían a los visigodos, francos, vándalos y anglos.** Invadieron territorios romanos en Italia, Galia, Iberia e incluso en el norte de África.

236. **Los romanos se referían a todos los pueblos no romanos como bárbaros** y aplicaron diferentes políticas para tratar con ellos.

237. **Aunque el Imperio romano conquistó muchos territorios bárbaros,** algunas veces permitió que los bárbaros vecinos se establecieran en tierras controladas por Roma.

238. **Roma fue saqueada cuatro veces por los bárbaros. El ataque visigodo a Roma** en el 410 se considera a menudo el principio del fin del Imperio romano.

239. **Las fuerzas romanas tuvieron dificultades para controlar a los bárbaros.** Además, Roma sufría inestabilidad interna, guerras civiles y una aguda crisis económica.

240. **Una de las principales razones por las que los bárbaros empezaron a desplazarse hacia el oeste fue a causa de los hunos**, que realizaron ataques devastadores contra los pueblos que vivían en el este de Europa, obligándolos a desplazarse fuera de la región.

241. **En el 476, tras dos siglos de hacer frente a invasiones bárbaras a gran escala, el rey germánico Odoacro depuso al último emperador romano de Occidente.** El resto del imperio se desintegró rápidamente.

242. **Las tribus emigrantes se asentaron en diferentes provincias romanas y comenzaron a establecer formaciones estatales** separadas entre sí.

243. **El Imperio romano de Oriente se vio poco afectado por las invasiones bárbaras y sobrevivió intacto al período migratorio.**

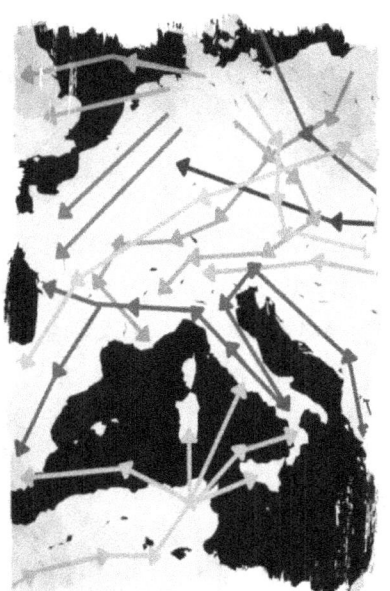

244. **El período migratorio condujo al colapso de la cultura latina romana** y al aumento del protagonismo de las culturas germánicas.

245. **Los nuevos gobernantes intentaron adoptar las antiguas costumbres y tradiciones romanas para legitimarse como líderes**, aunque solo lo consiguieron parcialmente.

246. **El cristianismo fortaleció a estas autoridades locales**, que utilizaron la doctrina religiosa para controlar a las poblaciones.

247. **Las invasiones bárbaras condujeron a una fragmentación de la autoridad política y los líderes individuales se hicieron más poderosos.** Los gobernantes locales se hicieron cada vez más influyentes dentro de sus regiones.

248. En el 568, **la mayoría de las tribus germánicas ya se habían asentado en sus nuevas tierras y e**l período de migración se ralentizó significativamente.

249. Se cree que el periodo migratorio ayudó originar los estados-nación modernos al crear distintas fronteras étnicas y lingüísticas en Europa.

250. **Durante el periodo migratorio se produjo un declive en el comercio y los intercambios, ya que la población se alejaba de las ciudades**, lo que provocó inestabilidad económica en toda Europa.

La Alta Edad Media
(476-1000 d. C.)

La Alta Edad Media, a veces llamada la Edad Oscura, fue una época de grandes transformaciones. Este capítulo explora veinte hechos fascinantes de esta época de la historia, desde la expansión del cristianismo hasta los avances tecnológicos. Descubra en qué consistió.

251. **La Alta Edad Media, que forma parte del periodo medieval**, duró desde el año 476 hasta el 1000 de nuestra era en Europa.

252. **Este período también se conoce como la «Edad Oscura»** porque el aprendizaje y la cultura decayeron debido a las invasiones de grupos como los vikingos, los musulmanes y los magiares (húngaros).

253. Hoy en día, a muchos historiadores no les gusta utilizar **el término «Edad Oscura» porque implica que Europa estaba culturalmente estancada durante este tiempo,** lo que no es cierto.

254. **La caída del Imperio romano de Occidente se considera tradicionalmente el inicio de la Alta Edad Media.**

255. **En general, la Alta Edad Media fue una época de inestabilidad e incertidumbre en Europa, a medida que se formaban nuevos estados sobre los restos del antiguo Imperio romano.**

256. **El feudalismo se convirtió en el sistema político y económico predominante durante esta época. La gente entregaba su lealtad a los señores** a cambio de protección y derechos sobre la tierra.

257. **El cristianismo se extendió por Europa y sustituyó a otras religiones, como la nórdica.** Sin embargo, tardó siglos en ser aceptado por la mayoría de la población.

258. **Los anglosajones se convirtieron al cristianismo con relativa rapidez**. ¡La mayoría de los anglosajones eran cristianos practicantes solo un siglo después de la introducción de la religión en Inglaterra!

259. **La Iglesia romana se veía a sí misma como la sucesora simbólica del Imperio romano**. Ganó poder y riqueza durante el periodo medieval.

260. La Iglesia envió misioneros a diferentes partes de Europa para difundir el cristianismo y convertir a los gobernantes paganos. Uno de los misioneros más conocidos fue San Agustín, que llevó el cristianismo a Inglaterra en el 597.

261. **Se construyeron iglesias y catedrales que se convirtieron en importantes centros sociales para las comunidades,** que se reunían allí para rendir culto o comerciar bienes entre sí en los mercados cercanos.

262. **Los monasterios se convirtieron en centros populares de aprendizaje en la Europa medieval. Los monjes que ayudaron a difundir el cristianismo** eran conocidos por ser personas piadosas y austeras.

263. **Los francos adoptaron el latín tras conquistar la Galia** (actual Francia) hacia el año 500 de nuestra era. Poco tiempo después, se convirtió en lengua oficial de la administración y la cultura de los estados de Europa occidental.

264. **Durante la Alta Edad Media, se utilizaban números romanos** para llevar las cuentas, en lugar de los números arábigos que se utilizan hoy en día.

265. **Los francos unificaron algunas partes de Europa durante el Imperio carolingio** (800-843), que más tarde se disolvió debido a las disputas internas y a la fragmentación del poder político.

266. En el siglo V, **los anglos, sajones y jutos invadieron Gran Bretaña**. Estos pueblos se conocieron conjuntamente como **los anglosajones**. Crearon su propia lengua, el inglés antiguo, que más tarde evolucionó en el inglés moderno.

267. **La migración anglosajona a Gran Bretaña obligó a los bretones locales a desplazarse a las periferias de las islas.** Así, sus sociedades sobrevivieron en partes de Gales, Irlanda y Escocia.

268. Alrededor del año 800 d. C., **como consecuencia al feudalismo, surgieron los caballeros**. Eran soldados a tiempo parcial encargados de proteger el castillo o la finca de su señor de los invasores.

269. **En la Alta Edad Media se produjeron importantes avances tecnológicos**, como la mejora de los arneses y estribos de los caballos, los arados pesados y las herraduras, así como técnicas más eficientes de rotación de cultivos.

270. **Los cristianos iniciaron la Reconquista en el 722** con la esperanza de recuperar Iberia de manos de los conquistadores musulmanes.

El Imperio bizantino
(330-1453 d. C.)

Explore la impresionante historia del Imperio bizantino con estos veinticinco datos interesantes. Desde su fundación hasta su caída, descubra cómo esta rica cultura mezcló religiones, lenguas y arte de toda Europa, África y Asia.

271. **El Imperio romano de Oriente, también conocido como Imperio bizantino, fue fundado en el siglo IV por el emperador Constantino I.** Duró hasta 1453, casi mil años después de la caída del Imperio romano de Occidente.

272. **El nombre proviene de la antigua ciudad griega de Bizancio**, que sirvió como capital del imperio, Constantinopla.

273. **Constantinopla fue el centro de Europa durante la Edad Media**. Era la ciudad más grande y rica, con murallas de unos cuarenta pies de altura.

274. **En el momento de su separación del Imperio romano de Occidente**, el Imperio bizantino controlaba tierras en los Balcanes, Anatolia, Oriente Próximo y Egipto. Era mucho más rico y poderoso que su homólogo occidental.

275. **El Imperio bizantino se consideraba el legítimo sucesor de Roma tras su caída.** Durante la Edad Media hubo muchos intentos de imponer la autoridad bizantina en Europa.

276. **Justiniano I, que reinó del 527 al 565, logró hacerse con el control de partes de Italia**, el norte de África e Iberia.

277. **Justiniano es recordado como el gobernante que intentó restaurar las fronteras del antiguo Imperio romano**. También se le recuerda por su código de leyes, que influyó posteriormente en muchos estados europeos.

278. **La emperatriz Teodora, esposa de Justiniano, fue muy influyente**. Reconoció los derechos de la mujer y utilizó su influencia para aprobar reformas religiosas y sociales.

279. **A pesar de los esfuerzos de Justiniano, el Imperio bizantino fue incapaz de imponer su dominio sobre el resto de Europa**. Las diferencias culturales entre el Imperio bizantino y la Europa occidental pos romana fueron cada vez más grandes.

280. **El Imperio bizantino es conocido por su mezcla única de culturas y religiones**, pero era principalmente un estado griego.

281. **Los ciudadanos bizantinos hablaban una variación de griego llamada griego bizantino**, aunque también conocían el latín.

282. **La mayoría de los territorios que controlaba el Imperio bizantino habían sido helenizados durante el apogeo de la antigua Grecia y con las conquistas de Alejandro Magno.**

283. **Una serie de acontecimientos controvertidos condujeron a la escisión «oficial» de la Iglesia cristiana en el 1054.** Con el Gran Cisma, se formaron la Iglesia católica romana de Occidente y la Iglesia ortodoxa de Oriente.

284. **Las dos iglesias surgieron como rivales** y ambas intentaron convertir a los paganos a su propia versión del cristianismo.

285. **Rusia adoptó el cristianismo del Imperio bizantino en el año 988 de nuestra era** y la Iglesia ortodoxa rusa sigue tradiciones religiosas similares en la actualidad.

286. **El ascenso del islam en el siglo VII debilitó políticamente al Imperio bizantino.** Los ejércitos invasores árabes conquistaron muchas tierras bizantinas en Oriente Próximo y Egipto.

287. **Sin embargo, el Imperio bizantino siguió siendo muy poderoso hasta el siglo XI.** Era conocido por su gran ejército y su rica economía.

288. **También era conocido por su impresionante arquitectura**, incluyendo famosas basílicas como **la de Santa Sofía, en Constantinopla.**

289. **Los bizantinos tenían una poderosa armada que era capaz de proteger sus costas y controlaba el mar Mediterráneo.**

290. **Los bizantinos eran conocidos por utilizar el fuego griego (precursor del napalm) durante las batallas,** donde lo proyectaban contra los barcos enemigos o contra fortalezas terrestres.

291. **El imperio entró en un periodo de decadencia con la llegada de los pueblos túrquicos procedentes de Asia central,** que llevaron a cabo campañas militares en tierras bizantinas.

292. **Los turcos selyúcidas se apoderaron de gran parte de Anatolia en el siglo XIII.**

293. **En 1254, Constantinopla fue saqueada por las fuerzas cristianas cruzadas, debilitando aún más el imperio.**

294. En el siglo XIV, **los turcos otomanos se convirtieron en el nuevo rival de Constantinopla. Derrotaron a los ejércitos bizantinos** una y otra vez.

295. **Las murallas de Constantinopla ayudaron a protegerla de los invasores en múltiples ocasiones. Sin embargo, la ciudad cayó en 1453 cuando las fuerzas otomanas** la conquistaron tras un asedio de cincuenta y tres días.

Invasiones vikingas
(790- 1066 d. C.)

En esta sección, se explora la extraordinaria historia de los vikingos y su impacto en Europa. Conozca veinte datos fascinantes sobre cómo vivían, sus famosos líderes y algunos de sus principales dioses.

296. **Los vikingos procedían de Escandinavia** y se destacaron entre los siglos VIII y XI.

297. **Los vikingos eran guerreros escandinavos que navegaban por el mar**. La mayoría se ganaban la vida como agricultores, pero hacían incursiones con frecuencia.

298. **Sus barcos eran de madera y se llamaban *drakkars*.** Estaban diseñados para navegar por ríos poco profundos y por mar abierto. Los vikingos podían transportarlos por tierra si era necesario.

299. **Los guerreros vikingos realizaban viajes llamados incursiones**, durante los que invadieron muchas partes de Europa en busca de tesoros, tierras y poder.

300. **La palabra «vikingo» deriva de una frase en nórdico antiguo que significa «incursión pirata».**

301. **En el año 790 de la era cristiana, asaltaron un monasterio en la costa de Inglaterra.** Tradicionalmente, este hecho se considera el inicio de la Era Vikinga.

302. **Algunas ciudades costeras construyeron murallas a su alrededor para defenderse de las incursiones,** pero pocas fueron capaces de resistir la fuerza de los feroces ataques vikingos.

303. **Aunque a menudo se representa a los vikingos con cascos con cuernos, no hay pruebas que demuestren que usaran cascos así.** En cambio, se cree que usaban cascos muy sencillos.

304. **Los vikingos eran conocidos por su actitud valiente y audaz en la batalla. La leyenda dice que tenían *berserkers*,** hombres que entraban en un estado de trance y luchaban hasta la muerte.

305. **Uno de los líderes vikingos más famosos fue Ragnar Lodbrok** (también deletreado Lothbrok). Asaltó París en el 845 y **fue asesinado por el rey Aella** (también llamado Aelle) de Northumbria, en Inglaterra.

306. **Los vikingos eran conocidos por sus complejas artesanías en madera y metal.** También por crear armas poderosas, como espadas.

307. **Establecieron rutas comerciales por toda Europa.** Primero, se centraron en la región del mar Báltico, pero más tarde se expandieron por el Mediterráneo.

308. **Aunque muchos piensan que solo los hombres vikingos podían ser guerreros, las mujeres también podían serlo.** No había tantas mujeres guerreras, pero hay pruebas de que algunas participaron en incursiones.

309. **La mayoría de las mujeres desempeñaban funciones importantes en el hogar, como dirigir granjas o negocios mientras sus maridos estaban en el mar.** Algunas eran consejeras y ayudaban a planear las incursiones.

310. **El panteón nórdico incluía a Odín** (el dios de la guerra y la sabiduría), **Thor** (el dios del trueno), **Loki** (el dios de las travesuras) y **Freya** (la diosa del amor).

311. **Los vikingos tenían su propia lengua, el nórdico antiguo.** Aunque hoy en día ya no se habla, se encuentran algunos elementos en las lenguas germánicas del norte.

312. **Creían en un lugar llamado Valhalla,** adonde iban los guerreros valientes después de morir en batalla. Allí se reunían con Odín en el más allá.

313. **Los vikingos eran muy supersticiosos.** Creían en los troles, los elfos, los dragones y los monstruos marinos.

314. **Los vikingos dejaron muchas historias de este periodo en su poesía, canciones y arte,** que se han transmitido durante cientos de años.

315. **Incluso hoy en día se celebra la cultura vikinga con festivales, películas y libros alusivos.** Dos de los mejores ejemplos son la serie de televisión *Vikingos* y los cómics y películas sobre Thor.

La Reconquista
(722-1492 d. C.)

La Reconquista fue un grupo de múltiples campañas militares cristianas destinadas a recuperar Iberia del dominio islámico. Estos veinticinco hechos arrojan luz sobre este interesante periodo de la historia europea.

316. **La Reconquista es el nombre dado a una serie de campañas militares cristianas contra los reinos islámicos** en Iberia durante la Edad Media, entre el 718 y 1492.

317. **Iberia había sido conquistada durante la etapa inicial de la expansión islámica por el naciente Califato omeya,** a principios del siglo VIII.

318. **Destruyeron el reino visigodo, que había gobernado Iberia desde finales del siglo V,** y estableció un califato islámico.

319. **Los europeos cristianos vieron en ello una afrenta.** Iniciaron una serie de operaciones militares para recuperar las tierras que creían injustamente perdidas a manos de los musulmanes.

320. **Las élites visigodas, que había huido al norte de la península Ibérica y fundado el Reino de Asturias,** se consideraban legítimos reclamantes de las tierras en poder de los musulmanes.

321. **Entre el 718 y el 722, los ejércitos asturianos derrotaron a los musulmanes en la batalla de Covadonga,** acontecimiento considerado el inicio de la Reconquista.

322. **Hasta principios del siglo XI, el Califato de Córdoba fue la principal entidad política islámica en Iberia,** controlando la mayor parte de la actual España y Portugal.

323. **El Califato de Córdoba fracasó en su intento de someter la resistencia cristiana** y se desintegró en pequeños estados islámicos debido a conflictos internos.

324. **En el año 910, bajo el liderazgo del rey Alfonso III, el Reino de Asturias se reorganizó en el Reino de León,** habiendo ganado un importante territorio en el centro de Iberia.

325. **Surgieron otros reinos cristianos como Castilla, Navarra y Galicia**, que lucharon contra los musulmanes y los hicieron retroceder poco a poco.

326. **Estos reinos cristianos no siempre fueron aliados entre sí**. A menudo elegían estratégicamente a sus socios para ganar más territorio e incluso entraron en guerra entre ellos.

327. **Entre los siglos XI y XIII se produjeron importantes avances en la Reconquista**, con victorias clave como la toma de Toledo en 1085, por Alfonso VI de León y Castilla.

328. **El mundo cristiano apoyó los esfuerzos de los reinos ibéricos durante la Reconquista, con el Papa Alejandro III** sancionando un esfuerzo bélico en 1064 para atacar la ciudad musulmana de Barbastro, que terminó con una victoria cristiana.

329. **El papa Urbano II, que convocó la Primera Cruzada en 1095, alentó la Reconquista en Iberia,** ofreciendo recompensas espirituales a quienes participaran en la lucha por recuperar territorios cristianos.

330. **Otra importante victoria cristiana se produjo en la batalla de las Navas de Tolosa, en 1212**, en la que las fuerzas combinadas castellanas, leonesas, navarras y portuguesas derrotaron al ejército de la dinastía musulmana almohade en Andalucía.

331. **Entre los siglos XII y XIII, los cristianos contaron con la ayuda de las recién creadas órdenes militares católicas,** cuya misión era luchar en nombre del cristianismo contra sus enemigos.

332. **Órdenes como los Caballeros Templarios y los Caballeros de Santiago** demostraron ser extremadamente valiosas, tomando a menudo el control de fortificaciones clave y aportando soldados profesionales a los ejércitos ibéricos.

333. **Los ibéricos también contaron con la ayuda de los cruzados en varias ocasiones, la más importante en 1147 durante el asedio de Lisboa**, que reforzó enormemente la posición del Reino de Portugal.

334. **La caída de Granada en 1492 marcó el fin del dominio musulmán en Iberia.**

335. **Los Reyes Católicos Isabel I de Castilla y Fernando II de Aragón culminaron la Reconquista.**

336. **Tras la finalización de la Reconquista, los reinos cristianos victoriosos comenzaron a difundir sus propias costumbres y tradiciones,** que se fusionaron con las prácticas musulmanas que se habían desarrollado en Iberia desde el siglo VIII.

337. **La Reconquista tuvo consecuencias económicas, ya que los territorios reconquistados aportaron nuevos recursos,** rutas comerciales y tierras agrícolas bajo control cristiano.

338. **La Reconquista provocó importantes cambios demográficos**, ya que la población musulmana de la península fue lentamente integrada a los reinos cristianos. Sin embargo, muchos optaron por marcharse y otros fueron expulsados por los nuevos gobernantes.

339. **En 1492, fueron expulsados más de 200.000 judíos castellanos y aragoneses,** como consecuencia del Decreto de la Alhambra.

340. **Los gobernantes cristianos obligaron a sus nuevos súbditos a convertirse al cristianismo,** un proceso que se vio acelerado por la Inquisición española.

Carlomagno
(aprox. 768-814 d. C.)

Carlomagno fue uno de los gobernantes más importantes de la historia europea. Descubra el impacto que causó con estos veinticinco datos sobre su reinado y su vida.

341. **Carlomagno, o Carlos el Grande, era hijo del rey Pepino el Breve, fundador del Imperio carolingio.**

342. **Carlomagno se convirtió en rey de los francos en el 768. Posteriormente, se convirtió en el único gobernante de los francos** después de que su hermano, que cogobernaba con él, muriera en el 771.

343. **El linaje carolingio, fundado por el padre de Carlomagno y que llevaba el nombre del siguiente emperador**, sustituyó a la dinastía franca merovingia.

344. **Carlomagno continuó la política de su padre, forjó buenas relaciones con la Iglesia romana**, expandió su reino a expensas de los paganos germanos y difundió el cristianismo.

345. **Como rey sabio y gran guerrero, conquistó gran parte de Europa occidental y central.**

346. **Derrotó a los lombardos en el 774. Estos pueblos germánicos se habían apoderado de gran parte de Italia en el siglo VI.** Carlomagno cedió muchas de sus tierras a la Iglesia romana.

347. **También invadió España**, que se había convertido en musulmana tras la invasión de los árabes en el siglo VII y principios del VIII.

348. **La única derrota militar de Carlomagno se produjo a manos de los musulmanes** (conocidos como moros) en la batalla del Paso de Roncesvalles, en el 778.

349. **Carlomagno libró guerras en la actual Alemania**, donde expulsó a los pueblos paganos y difundió el cristianismo.

350. **Desempeñó un papel fundamental en la introducción del cristianismo en muchas partes de Europa**, lo que unió a Europa tras siglos de división.

351. **A veces, utilizaba tácticas crueles para conseguir que la gente se convirtiera.** Por ejemplo, dijo a los sajones que o se bautizaban en la fe cristiana o morían.

352. **Durante la infame masacre de Verden, por ejemplo,** Carlomagno ejecutó a miles de sajones que se negaron a convertirse al cristianismo, en octubre del 782.

353. **Conquistó gran parte de la actual Alemania occidental.** Trasladó su capital a la ciudad alemana de Aquisgrán, donde fue enterrado en el 814.

354. **Carlomagno reunificó gran parte de Europa occidental** y fue reconocido como el primer emperador de Europa tras la caída del Imperio romano.

355. **El papa León III coronó a Carlomagno en Roma el día de Navidad del año 800, concediéndole el título de emperador de los romanos.** Esta medida molestó al Imperio bizantino, que se veía a sí mismo como la continuación del Imperio romano.

356. **Esta coronación marcó el inicio de lo que hoy se conoce como Sacro Imperio Romano Germánico,** aunque pasaron varios siglos antes de que tuviera un gobierno estable sucesivo.

357. **Poco después de ser coronado emperador, Carlomagno** se aseguró de que cada región que gobernaba tuviera leyes acordes a sus necesidades.

358. **Creó escuelas por toda Europa para educar a los estudiantes en religión**, administración, economía y otras materias.

359. **Durante siglos, ningún gobernante fue capaz de controlar tanto territorio en Europa occidental como Carlomagno**, algo que es testimonio de sus increíbles logros.

360. **También creó el primer sistema fiscal exitoso en Europa desde la caída de Roma**, que se utilizó durante siglos después.

361. **Su próspero reinado marcó el inicio de lo que se conoce como el Renacimiento carolingio,** un periodo de gran renacimiento cultural e intelectual tras la caída de Roma.

362. **El arte carolingio, por ejemplo, se producía en las instituciones religiosas de Carlomagno y sus herederos** y era la forma más elevada de arte cristiano en toda Europa en esa época.

363. **Es apodado el «padre de Europa»** debido a sus impresionantes logros en la reunificación de Europa.

364. **Le sucedió su hijo, Luis el Piadoso. Luego, el Imperio carolingio** fue dividido por los nietos de Carlomagno y desapareció.

365. **Los estados sucesivos, Francia Oriental y Occidental, evolucionaron hasta convertirse en el Sacro Imperio Romano Germánico y Francia durante la Baja Edad Media.**

La Alta Edad Media en la Historia de Europa (1000-1350 d. C.)

Veinticinco datos interesantes sobre la economía, la cultura y la tecnología europea durante la Alta Edad Media. Descubra por qué esta época fue tan importante.

366. **La Alta Edad Media fue un periodo de crecimiento y progreso para la economía y la población europea,** que pasó de unos cuarenta millones de habitantes a más de setenta millones.

367. **Durante este periodo, las estructuras políticas y sociales de Europa comenzaron a estabilizarse tras la inestabilidad de la Temprana Edad Media,** con la formación de nuevos reinos por todo el continente.

368. **El Imperio carolingio se dividió con el Tratado de Verdún, en el siglo IX,** dando lugar al Reino de Francia y al Sacro Imperio Romano Germánico.

369. **Guillermo el Conquistador fue un gobernante normando que conquistó Inglaterra en 1066.** Este acontecimiento se conoce como la Conquista Normanda.

370. **La monarquía inglesa se desarrolló durante los siglos siguientes y el punto de inflexión se produjo en 1215, cuando el rey Juan I de Inglaterra firmó la Carta Magna,** que garantizaba ciertos derechos a los ciudadanos, como un juicio justo.

371. **Durante la Alta Edad Media se crearon las primeras universidades. En estas instituciones se enseñaba gramática latina**, retórica, astronomía, solfeo y medicina, entre otras materias.

372. **La primera universidad de Europa fue la de Bolonia**, que se fundó en 1088 y sigue funcionando en la actualidad.

373. **Los europeos lucharon en las Cruzadas en un intento por recuperar el control de Jerusalén y otras zonas que habían sido conquistadas por las fuerzas musulmanas siglos antes.** La Primera Cruzada comenzó en 1096, y la última tuvo lugar en 1271.

374. **La Alta Edad Media vio el ascenso de poderosos monarcas, como el rey Felipe II de Francia y Ricardo I de Inglaterra.** Estos gobernantes extendieron su poder sobre grandes áreas.

375. **El cristianismo siguió extendiéndose por Europa**, llegando a Europa oriental y Escandinavia en el siglo X.

376. **De hecho, fue durante esta época cuando el cristianismo se convirtió en una parte esencial de Europa**, gracias a los esfuerzos previos de Carlomagno y a la rápida cristianización de los pueblos de Europa central y oriental durante la Baja y la Alta Edad Media.

377. **Los pueblos magiares organizaron su propio reino, el Reino de Hungría,** hacia el año 1000. Adoptaron el cristianismo.

378. **Las ciudades comenzaron a desarrollarse rápidamente y el comercio aumentó entre las poblaciones de toda Europa.**

379. **En las ciudades-estado italianas surgió una primera forma de banco durante este periodo debido al aumento de la actividad mercantil y a la acumulación de riqueza.** El Banco de Venecia se estableció oficialmente en 1587.

380. **La tecnología militar mejoró enormemente. Los caballeros llevaban resistentes armaduras hechas con placas de metal unidas con remaches o correas de cuero.** ¡Podían pesar hasta sesenta libras!

381. **La arquitectura gótica se populariza en toda Europa durante el siglo XII.** Este estilo es conocido por sus grandes vidrieras y sus altas agujas que se elevan hacia el cielo.

382. **La Alta Edad Media fue uno de los periodos políticamente más turbulentos y violentos de la historia europea.** Durante esta época se libraron muchas guerras destructivas, como la guerra de los Cien Años entre Inglaterra y Francia.

383. **La invención del reloj mecánico mejoró la navegación,** permitiendo medir el tiempo con más precisión que nunca.

384. **Durante este periodo se fundaron muchas órdenes religiosas, como los franciscanos y los dominicos**, que trataban de extender el cristianismo por Europa.

385. **Las traducciones al latín de las obras de los sabios árabes permitieron ampliar los conocimientos científicos** y revolucionaron la medicina y la ciencia europea.

386. **Se cree que Marco Polo viajó a China en el siglo XIII,** llevando de vuelta relatos de tierras exóticas repletas de especias y sedas, lo que impulsó el crecimiento del comercio entre Oriente y Occidente.

387. **La literatura floreció durante esta época, donde surgieron autores famosos como Geoffrey Chaucer,** que escribió *Los cuentos de Canterbury*; Dante Alighieri, que escribió *La Divina Comedia*; y Tomás de Aquino, que escribió *La Suma Teológica*.

388. **Durante la Alta Edad Media comenzaron a formarse gremios,** organizaciones que ayudaban a proteger los derechos de los trabajadores y a regular el comercio entre las ciudades.

389. **A mediados del siglo XIV, Europa se vio asolada por el brote de la peste bubónica. Fue conocida como la gran peste,** pero su nombre más popular es la peste negra.

390. **Se cree que la peste negra causó la muerte de un tercio de la población europea.** Supuso un gran retraso en el desarrollo tecnológico, cultural y social.

El Renacimiento
(siglos XIV-XVII)

El Renacimiento fue un periodo de profundos cambios culturales, artísticos y científicos que se extendió por Europa entre los siglos XIV y XVII. Esta sección explora veinticinco datos interesantes sobre este período, uno de los más influyentes de la historia europea.

391. **El Renacimiento fue un periodo de la historia europea que duró desde finales del siglo XIV hasta el siglo XVII.** Marcó una época de renacimiento cultural en el arte, la literatura, la arquitectura y otros aspectos de la vida.

392. **Italia estuvo en el centro de este movimiento**, y ciudades como Florencia desempeñaron un papel importante en su desarrollo.

393. **El Renacimiento siguió a un periodo de gran inestabilidad y agitación en Europa, conocido como la Crisis de la Baja Edad Media,** una serie de acontecimientos que provocaron el colapso político y socioeconómico durante los siglos XIII y XIV.

394. **Durante el Renacimiento surgieron nuevas ideas, como el humanismo**, que consideraba a los seres humanos, y no a Dios o al destino, responsables de sus acciones y su vida.

395. **Muchos de los antiguos textos romanos y griegos que se habían perdido** o solo habían sido accesibles para el clero fueron redescubiertos durante el Renacimiento.

396. **El redescubrimiento de textos antiguos inauguró un periodo de gran aprendizaje**, que se manifestó en casi todos los campos de la vida.

397. **La palabra «*Renaissance*» significa «renacimiento».** El término hace referencia al renacimiento de las antiguas ideas griegas y romanas.

398. **Varias familias ricas de Italia surgieron como mecenas de artistas prometedores**, entre las que destaca la familia florentina de los Medici, que financió los proyectos de artistas como Miguel Ángel.

399. **Durante esta época, los artistas comenzaron a utilizar técnicas como la perspectiva para crear pinturas más realistas** que captaban la belleza de la naturaleza y de los seres humanos mejor que nunca.

400. **Anteriormente, el arte solo se centraba en representar figuras religiosas y carecía de carácter y narración.** Durante el Renacimiento, se centró en el cuerpo humano, remontándose al estilo griego clásico.

401. **Entre los artistas famosos del Renacimiento se encuentran Miguel Ángel, Leonardo da Vinci y Rafael**, que crearon maravillosas obras de arte y esculturas que siguen deslumbrando a quien las ve en nuestros días.

402. **La imprenta fue inventada en Alemania durante el Renacimiento por Johannes Gutenberg** y permitió que se agilizara la difusión de los libros, que antes se hacía en copias manuscritas.

403. **En el Renacimiento se inventaron nuevos instrumentos, como el violín y el clavicordio,** que permitieron crear composiciones musicales más complejas.

404. **Científicos como Galileo Galilei comenzaron a utilizar telescopios para estudiar las estrellas en detalle,** lo que llevó a Galileo a descubrir cuatro lunas orbitando Júpiter.

405. **Muchos países fomentaron la exploración. Cristóbal Colón realizó su famoso viaje** a través del océano Atlántico en 1492.

406. **Se actualizaron los sistemas educativos y las universidades comenzaron a enseñar valores humanistas, artes y ciencias**, además de teología y matemáticas.

407. **El Renacimiento se extendió lentamente desde Italia a Europa central, occidental y septentrional.** Diferentes regiones experimentaron el Renacimiento en diferentes momentos. No fue un movimiento singular en toda Europa.

408. **En Italia, poderosas familias de mercaderes como los Medici fueron mecenas de las artes** y financiaron muchos proyectos en Florencia y Roma.

409. La Iglesia católica encargó a artistas la creación de piezas para diferentes residencias y palacios papales. El encargo más famoso de la Iglesia es probablemente la pintura de Miguel Ángel en el techo de la Capilla Sixtina.

410. El Renacimiento estuvo lleno de escritores famosos, como Nicolás Maquiavelo y William Shakespeare.

411. La arquitectura cambió y los constructores comenzaron a usar técnicas innovadoras de influencia clásica griega y romana, como el uso de arcos simétricos, cúpulas, pilares y columnas.

412. La gente empezó a interesarse por el estudio de la naturaleza a través de la observación en lugar de confiar en la superstición o la religión, lo que finalmente condujo a los métodos científicos modernos.

413. Leonardo da Vinci estudió la anatomía humana diseccionando cuerpos humanos y de animales. Aunque nunca terminó su libro sobre anatomía, sus ideas ayudaron a los científicos posteriores a hacer descubrimientos sobre el cuerpo humano.

414. En el Renacimiento se inventaron nuevas armas, como los cañones y las pistolas, que cambiaron la forma de luchar en las guerras.

415. Se abrieron nuevas rutas comerciales entre Europa, África y Asia, lo que permitió que mercancías como las especias fueran más accesibles en los mercados europeos.

La Reforma (siglo XVI)

El siglo XVI fue un periodo de profundas transformaciones en toda Europa y la Reforma ocupó un lugar central. En esta sección, se exploran veinte hechos interesantes sobre la Reforma.

416. **La Reforma protestante fue un importante movimiento religioso en Europa durante el siglo XVI,** que provocó la escisión de la Iglesia católica.

417. **La Reforma comenzó cuando Martín Lutero, un monje alemán y profesor de teología,** publicó sus *Noventa y cinco tesis* el 31 de octubre de 1517, con las que desafió las prácticas corruptas de la Iglesia católica.

418. **Antes de Lutero hubo en Europa otros movimientos reformistas, relativamente menores, liderados por figuras como Juan Wycliffe en Inglaterra y el checo Jan Hus.**

419. **Lutero escribió inicialmente las *Noventa y siete tesis*, que tenían un punto de vista más teológico.** Esta obra es en gran parte ignorada, ya que las *Noventa y cinco tesis* iniciaron una revolución.

420. **La Reforma protestante se extendió por Alemania y otras partes de Europa** durante las siguientes décadas.

421. **La Reforma fue liderada por Lutero y otras figuras influyentes, como Ulrico Zwinglio en Suiza y Juan Calvino en Francia.**

422. **Uno de los problemas de Lutero con la Iglesia católica era que se había vuelto cada vez más poderosa y rica** y usaba su influencia sobre los cristianos comunes de Europa, que creían todo lo que la Iglesia les decía.

423. **A Lutero le preocupaba sobre todo la práctica de las indulgencias. Durante la Edad Media,** la gente podía ir a la iglesia y pagar para que absolvieran sus pecados.

424. **Lutero quería que sus seguidores leyeran y comprendieran las Escrituras para encontrar los verdaderos valores cristianos.** No quería que escucharan solo lo que predicaba la Iglesia católica.

425. **Los reformadores también reconocieron que muchos miembros del clero católico eran cada vez menos versados en la doctrina y teología cristianas,** así como en su dominio del latín.

426. **La doctrina de Lutero de la justificación solo por la fe tuvo una gran influencia.** Esta idea afirmaba que la verdadera fe de un individuo lo justificaba a los ojos de Dios.

427. En 1521, **Martín Lutero fue excomulgado de la Iglesia católica.**

428. **Lutero consiguió difundir sus controvertidas ideas muy rápidamente gracias a la recién inventada imprenta.**

429. Durante este período, **se hicieron traducciones de *la Biblia* en múltiples idiomas para que la gente pudiera leerla por sí misma** e interpretar los pasajes de manera diferente a lo que tradicionalmente enseñaban en las iglesias.

430. **La Reforma trajo consigo un periodo de guerras religiosas en Europa entre católicos y protestantes,** con miles de muertos como resultado.

431. **La libertad y la tolerancia religiosa se volvieron más comunes después de la Reforma.** Todos querían tener la libertad de elegir su religión.

432. **En Francia, España e Italia, la Iglesia católica seguía siendo más dominante.**

433. **La mayoría de los lugares de Alemania, Escandinavia, los Países Bajos e Inglaterra se convirtieron a diferentes formas de protestantismo.**

434. **En Inglaterra, el rey Enrique VIII se autoproclamó cabeza de la Iglesia**, lo que hizo que la nación adoptara el anglicanismo (una forma de protestantismo).

435. **Otros países crearon sus propias iglesias nacionales, como el luteranismo o el presbiterianismo**, dependiendo de los gobernantes de cada región.

436. **La Reforma tuvo un gran impacto en el arte. Los artistas empezaron a crear obras que hacían hincapié en temas e historias religiosas,** a menudo en marcado contraste con las obras de arte católicas tradicionales, que se centraban más en santos o personajes bíblicos.

437. **La música se vio muy afectada por la Reforma.** Los compositores crearon himnos con letras tomadas directamente de las Escrituras para que los laicos pudieran cantar mientras adoraban a Dios en casa o en los servicios religiosos.

438. **La Iglesia católica respondió al protestantismo intentando reformarse a sí misma**, dando lugar a lo que hoy se conoce como **Contrarreforma o Reforma católica**. Este movimiento trajo consigo nuevas leyes, cambios institucionales y reformas educativas.

439. Las ideas que comenzaron con los escritos de **Lutero pronto encontraron su camino en la política.** En los círculos elitistas se empezó a hablar de una mayor expresión de las libertades individuales, algo que desembocó en el surgimiento de la democracia.

440. A partir de finales del siglo XVI, **muchos conflictos militares entre varios estados estuvieron motivados por diferencias religiosas, y las naciones protestantes y católicas** se alzaron en armas unas contra otras.

La guerra de los Treinta Años
(1618-1648)

La guerra de los Treinta Años fue una de las más largas y destructivas de la historia europea. Este capítulo explora este gran conflicto con veinte datos interesantes sobre cómo empezó, quién luchó en él y cómo se resolvió.

441. La guerra de los Treinta Años fue un gran conflicto entre los países católicos y protestantes de Europa. Fue el último gran conflicto europeo que comenzó por motivos religiosos.

442. Comenzó cuando el rey de Bohemia y emperador del Sacro Imperio Romano Germánico, Fernando II, intentó imponer el catolicismo a todos sus súbditos, en 1618.

443. Los nobles protestantes del imperio iniciaron una rebelión, de la que Fernando se encargó.

444. En 1625, Dinamarca declaró la guerra al Sacro Imperio Romano Germánico, con la esperanza de apoyar a los príncipes alemanes en su causa anticatólica. Así mismo, Suecia declaró la guerra al Sacro Imperio Romano Germánico en 1629.

445. La decisión del emperador Fernando fue muy controvertida, ya que la Paz de Augsburgo de 1555 había garantizado a los príncipes alemanes el derecho a practicar el catolicismo o el protestantismo.

446. La guerra arrastró a otros reinos como Francia, España y Polonia. Estas naciones se aliaron con los príncipes alemanes para aprovechar la inestabilidad y debilitar al Sacro Imperio Romano Germánico o se unieron a este para luchar por el catolicismo.

447. En el punto álgido de la guerra, participaron casi todos los estados importantes de Europa, con Inglaterra como notable excepción.

448. La guerra duró treinta años (1618-1648), lo que la convierte en una de las más largas de la historia europea.

449. Causó una destrucción generalizada en toda Alemania, provocando hambrunas, enfermedades y la pérdida de hasta el 40 % de la población.

450. **La Paz de Westfalia puso fin a esta guerra al conceder la libertad religiosa en Europa central**, lo que permitió a más personas practicar su fe abiertamente sin persecuciones ni interferencias de los gobernantes.

451. **Este tratado también dio inicio al fin del feudalismo en Europa** y permitió el desarrollo de estados-nación más fuertes.

452. **La Paz de Westfalia estableció fronteras internacionales que en gran medida permanecen intactas hoy en día**, como las que existen entre Francia, Alemania, Austria y Suiza.

453. **La guerra se libró principalmente en suelo alemán**, pero tuvo importantes repercusiones en otros países europeos.

454. **Una de las figuras más famosas que surgió de este conflicto fue el rey Gustavo Adolfo de Suecia**, considerado uno de los mejores generales de la historia.

455. **En la guerra de los Treinta Años se produjeron innovaciones militares, como el uso de formaciones de picas**, mejores tácticas de artillería y mejores técnicas de guerra de asedio.

456. **Comenzó un periodo conocido como la era de las monarquías absolutas**. Los gobernantes tenían más poder sobre sus ciudadanos que nunca, lo que les permitía recaudar impuestos y formar ejércitos con poca supervisión de otros órganos de gobierno o de los propios ciudadanos.

457. **En esta guerra se introdujeron ejércitos profesionales** pagados con impuestos, en lugar de voluntarios o reclutas.

458. **La guerra ayudó a iniciar una era conocida como la Ilustración**, un periodo en el que los filósofos empezaron a cuestionar las viejas ideas sobre la política y la sociedad.

459. **La guerra de los Treinta Años causó decenas de miles de bajas en todos los bandos y** se estima que hasta un millón de personas murieron a causa de la guerra y las enfermedades, lo que la convierte en la guerra más letal de la historia europea hasta ese momento.

460. **La guerra de los Treinta Años se considera el primer gran conflicto de la historia de Europa** librado por las grandes potencias.

La era de las exploraciones
(siglos XV-XVII)

La era de las exploraciones fue un periodo marcado por notables descubrimientos, avances en la tecnología de la navegación y redes comerciales entre distintos países. Este capítulo explora veinticinco datos interesantes sobre esta época. ¡Prepárese para un apasionante viaje al pasado!

461. **La era de las exploraciones fue un período comprendido entre los siglos XV y XVII** en el que se exploraron nuevas tierras y océanos en busca de comercio, riqueza y conocimiento.

462. **La caída de Constantinopla en 1453 llevó a los países europeos a buscar nuevas rutas hacia Oriente, ya que los otomanos les cerraron el acceso a la Ruta de la Seda.**

463. **Muchos países europeos compitieron entre sí para reclamar tierras y establecer colonias** en los territorios recién descubiertos.

464. **Muchos consideran el viaje de Cristóbal Colón como el inicio de la era de las exploraciones**. Sin embargo, no fue el primer europeo en llegar a América. Leif Erikson, un vikingo, había llegado a América del Norte unos mil años antes de que Colón zarpara.

465. **El explorador portugués Vasco da Gama fue la primera persona en navegar directamente de Europa a la India,** alcanzando el subcontinente en 1498, tras viajar por la costa africana hasta la costa occidental de la India a través de la ruta del océano Índico, que había descubierto durante sus exploraciones.

466. **Un navegante italiano llamado Américo Vespucio fue quien advirtió que Colón no había descubierto Asia,** sino que había llegado a América continental.

467. **¡Las Américas deben su nombre a Américo Vespucio!**

468. **Fernando de Magallanes dirigió una flota de barcos en un viaje épico que dio la vuelta al mundo en 1522.** Su tripulación se convirtió en la primera en dar la vuelta al mundo en barco.

469. **Magallanes no sobrevivió al viaje y murió en Filipinas.**

470. **Hernán Cortés fue un conquistador español que reclamó México para España** en 1521 tras derrotar al líder azteca Moctezuma II.

471. **Francisco Pizarro conquistó Perú a los incas en 1533** con solo unos cientos de hombres a su disposición.

472. **Las potencias europeas tenían una enorme ventaja sobre los nativos gracias a su avanzada tecnología militar.** Disponían de pistolas y cañones y llevaban armaduras pesadas, mientras que los nativos se defendían con arcos y lanzas.

473. **Los nativos también fueron diezmados por las enfermedades europeas**, que redujeron el número de personas que podían luchar.

474. **Algunas de las principales enfermedades que se propagaron fueron la viruela, el sarampión y la gripe.** Se cree que hasta el 95 % de los nativos americanos murieron de enfermedades o a causa de los conflictos.

475. **Las potencias europeas, como Portugal, España, Inglaterra y Francia, exploraron nuevas tierras en busca de recursos como oro y especias,** que se vendían a altos precios, haciendo más ricos a estos países.

476. **Los portugueses establecieron puestos comerciales o fortalezas en África, India y China**, lo que les permitió acceder a valiosos recursos.

477. **España se convirtió en el imperio de ultramar más dominante durante los primeros tiempos de la era de las exploraciones.**

478. **Las posesiones españolas incluían gran parte de América del Norte, Central y del Sur, además de Filipinas.**

479. **Francia, Gran Bretaña y los Países Bajos se convirtieron luego en los colonizadores europeos dominantes**, siguiendo los pasos de portugueses y españoles.

480. **Los misioneros jesuitas viajaron a estas nuevas tierras, difundiendo el cristianismo en los lugares que visitaban.**

481. **En Norteamérica, los emigrantes británicos establecieron pequeñas colonias centradas** en sus confesiones protestantes.

482. **La globalización comenzó gracias a estas exploraciones, ya que permitió la difusión de nuevas ideas**, productos, tecnología y religión.

483. **Los mapas se hicieron más precisos gracias a los datos recogidos por los navegantes durante sus viajes.**

484. **Los esclavos africanos eran capturados y luego transportados a través del Atlántico o del océano Índico,** donde eran vendidos como esclavos y utilizados como mano de obra o trabajadores domésticos en las colonias europeas.

485. **La era de las exploraciones trajo consigo notables avances en la tecnología de la navegación**, como la mejora del diseño de los barcos y de herramientas de navegación, como el astrolabio.

La Revolución Científica
(siglo XVII)

La Revolución Científica del siglo XVII trajo consigo inmensos cambios en la comprensión y los descubrimientos científicos. Estos veinte datos interesantes arrojan luz sobre los principales descubrimientos que se realizaron y sobre algunos de los científicos influyentes de este periodo.

486. **La Revolución Científica es un periodo de la historia europea que tuvo lugar principalmente durante los siglos XVI y XVII**, cuando se impuso una nueva visión de la ciencia y del pensamiento científico, libre de filosofía y religión y basado en el método científico.

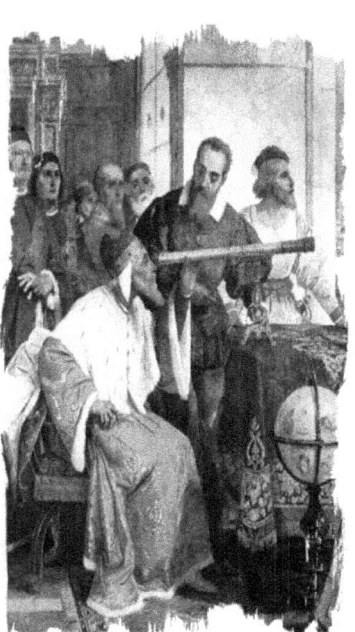

487. **Científicos como Galileo, Johannes Kepler e Isaac Newton** lograron enormes avances en la comprensión del mundo que les rodeaba. Utilizaron la observación y la experimentación en lugar de basarse en textos antiguos o supersticiones.

488. **En 1610, Galileo utilizó su telescopio para observar cuatro lunas en órbita alrededor de Júpiter;** les puso nombres de figuras de la mitología griega.

489. **Johannes Kepler descubrió tres leyes del movimiento que ayudaron a explicar por qué los planetas se mueven en forma elíptica alrededor del sol** y no en círculos perfectos, como se creía desde la antigüedad.

490. **Isaac Newton desarrolló el cálculo, que permitió realizar cálculos más precisos al estudiar el movimiento**, como la gravedad y las fuerzas que actúan sobre los objetos.

491. **Newton desarrolló su famosa ley de la gravitación universal**, afirmando que todos los objetos se atraen entre sí en función de su masa a través de la fuerza gravitatoria.

492. **Estas nuevas ideas se difundieron por toda Europa gracias a los avances en la tecnología de la imprenta**, que permitió publicar los trabajos de los científicos para un público más amplio.

493. **Al final de la Revolución Científica**, los científicos empezaron a utilizar hipótesis y teorías como herramienta para comprender mejor la naturaleza.

494. En el siglo XVII, **William Harvey descubrió cómo circulaba la sangre en el cuerpo humano experimentando con animales como perros y pollos.**

495. **Robert Boyle desarrolló una ley llamada Ley de Boyle,** que establece que la presión y el volumen de los gases están relacionados. Más tarde, se conoció como una de las leyes más importantes de la física.

496. **Antonie Van Leeuwenhoek utilizó el microscopio que inventó para observar por primera vez bacterias**, glóbulos rojos, espermatozoides, capilares y otros pequeños organismos.

497. **Antoine Lavoisier es considerado el padre de la química moderna** debido a su desarrollo de la nomenclatura química (nombres) y de métodos como la oxidación, que cambiaron la forma de estudiar la materia.

498. **William Gilbert estudió a fondo el magnetismo y la electricidad**. Escribió un libro sobre el tema llamado *De Magnete*, que ayudó a otros a entender cómo estas fuerzas trabajaban juntas.

499. **Francis Bacon desarrolló un enfoque de la investigación científica conocido como empirismo,** que consiste en utilizar la observación y la experimentación en lugar de basarse únicamente en textos antiguos o supersticiones para encontrar respuestas sobre los fenómenos naturales.

500. **Blaise Pascal realizó importantes contribuciones a las matemáticas y la física**, siendo uno de los más acérrimos defensores del método científico.

501. **René Descartes es famoso sobre todo por su idea de «*cogito ergo sum*»,** o «pienso, luego existo», aunque también realizó importantes contribuciones al campo de las matemáticas a través de su desarrollo de la geometría cartesiana o analítica.

502. **Ole Roemer desarrolló una nueva forma de medir la longitud** que mejoró la navegación. También estudió la velocidad de la luz e hizo cálculos sobre el movimiento de la Tierra alrededor del Sol.

503. **Instituciones como la Academia Francesa de Ciencias de París y la Real Sociedad de Londres para la Mejora del Conocimiento Natural** aceleraron la investigación científica y ayudaron a poner el conocimiento a disposición de las masas.

504. **Todos estos nuevos descubrimientos cuestionaron la fuerza y la legitimidad de las antiguas instituciones,** sobre todo de la Iglesia.

505. **Aunque las mujeres hicieron algunas contribuciones importantes, no se les permitía formar parte de las sociedades prestigiosas.** Una pensadora importante de esta época fue Maria Sibylla Merian, cuyas investigaciones sobre los insectos condujeron al descubrimiento de los ciclos vitales.

El Siglo de las Luces
(siglo XVIII)

El Siglo de las Luces fue un periodo en el que muchas personas rechazaron la autoridad tradicional y abrazaron el conocimiento obtenido a través de la ciencia y la razón. Este capítulo explora veinte hechos sobre el impacto que el Siglo de las Luces tuvo en la sociedad.

506. **El Siglo de las Luces duró desde finales del siglo XVII hasta principios del siglo XIX.** Fue una época en la que muchas personas cuestionaron la autoridad y la tradición porque creían que el conocimiento debía obtenerse a través de la razón y la ciencia.

507. **Comenzó en Europa, pero se extendió por todo el mundo, especialmente en lugares como Norteamérica y Sudamérica.**

508. Durante esta época **surgieron nuevas ideas sobre el gobierno, la religión, la ciencia y la filosofía.**

509. **René Descartes fue un pensador importante que ayudó a iniciar el Siglo de las Luces con su** *Discurso del Método* **(1637).**

510. **Entre las figuras célebres de este periodo se encuentran Voltaire, Jean-Jacques Rousseau, Benjamin Franklin y Thomas Jefferson.** Estos pensadores ayudaron a dar forma a la sociedad moderna con sus escritos y su filosofía sobre la vida.

511. **Los periódicos circularon ampliamente durante el Siglo de las Luces**, lo que permitió el debate entre los ciudadanos y condujo a cambios en la forma de gobernar en toda Europa.

512. **Muchos pensadores de la Ilustración creían en la tolerancia religiosa y en la libertad de expresión,** considerándolas derechos humanos naturales.

513. **Se creó mucho arte que simbolizaba nuevos valores relacionados con los derechos humanos, como la libertad o el patriotismo.** Entre estas obras se encontraban cuadros como *La muerte de Marat* (1793), de Jacques Louis David; y *El tres de mayo* (1808), de Francisco de Goya.

514. **Se desarrollaron nuevas ideas sobre la educación que daban más importancia al aprendizaje individual y la capacidad de pensamiento crítico** que a la memorización o el catecismo.

515. **El Siglo de las Luces tuvo una gran influencia en la Revolución estadounidense, la Revolución francesa** y otras revueltas políticas en Europa durante y después de este periodo.

516. **Muchos países intentaron adoptar gobiernos constitucionales para sustituir a las monarquías, aunque tardaron tiempo en conseguirse.** El pueblo empezó a creer más en la democracia que en el poder absoluto.

517. **Los Estados Unidos de América se separaron de Gran Bretaña**, declarando su independencia del dominio colonial y estableciendo su propio sistema de leyes basado en los principios de la filosofía de la Ilustración.

518. **En esta época aumentó la alfabetización.** El acceso a los libros era más fácil gracias al abaratamiento de los métodos de impresión.

519. **Muchos filósofos creían en el poder del pensamiento lógico y del debate** para responder a las preguntas sobre la vida y la sociedad.

520. **La importancia de la razón y el pensamiento racional eran algunos de los valores que se habían perdido en gran medida tras la caída del Imperio romano.**

521. **Los derechos humanos empezaron a discutirse más seriamente durante este periodo**, lo que llevó a reformas como la abolición del comercio de esclavos en algunas partes de Europa, aunque no en todas.

522. **Los cafés eran populares entre los intelectuales**, que se reunían allí para debatir ideas de política, ciencia y otros temas mientras disfrutaban de sus bebidas.

523. **La colonia de Australia se estableció en 1788. Los prisioneros británicos** eran enviados allí en lugar de ser encarcelados en su país de origen.

524. **En este período se produjo un aumento de la educación pública**, lo que permitió que más personas tuvieran acceso al conocimiento y a las oportunidades de aprendizaje.

525. **Un filósofo importante fue John Locke,** que creía que la mente era una tabula rasa al nacer y que el conocimiento provenía únicamente de la experiencia.

La Revolución Industrial
(siglos XVIII-XIX)

La Revolución Industrial marcó un punto de inflexión en la historia de la humanidad. En esta sección se analiza más de cerca este periodo a través de veinte hechos interesantes sobre cómo trabajaba y vivía la gente, así como algunas de las innovaciones tecnológicas de este período.

526. **La Revolución Industrial comenzó en Gran Bretaña a finales del siglo XVIII.** Fue un periodo de nuevos inventos y tecnologías que hicieron que las máquinas fueran más potentes y rápidas que nunca.

527. **Durante la Revolución Industrial se construyeron fábricas para producir bienes más baratos y más rápido que antes.** Esto permitió a la gente comprar cosas que antes no podía permitirse.

528. **Para hacer funcionar estas fábricas se utilizaba carbón y vapor.**

529. **Se crearon miles de puestos de trabajo** y muchas personas se trasladaron de las granjas a las ciudades en busca de nuevas oportunidades.

530. **Los textiles como el algodón y la lana se convirtieron en grandes industrias durante esta época.** Las fábricas sustituyeron a la ropa hilada a mano y producida en casa o en pequeños telares.

531. **Innovaciones como la desmotadora de algodón permitieron a los agricultores producir mayores cantidades de algodón mucho más rápido que antes.** Esto hizo que bajaran los precios y que la ropa fuera más accesible para todas las clases sociales.

532. **El ferrocarril se convirtió en un importante medio de transporte, tanto para las materias primas necesarias para la producción industrial como para los productos acabados.**

533. **Las nuevas fuentes de energía, como el fuel**, permitían a los barcos transportar mercancías por todo el mundo más rápidamente.

534. **El desarrollo de una técnica llamada proceso Bessemer hizo posible la producción masiva de acero**, que se utilizó en muchos nuevos inventos y máquinas durante esta época.

535. **El telégrafo cambió la forma de comunicación.** A este invento le siguió la invención del teléfono por parte de Alexander Graham Bell.

536. **La Revolución Industrial supuso un aumento de la esperanza de vida**, ya que los avances en medicina permitieron el acceso a una mejor asistencia sanitaria a un mayor número de personas.

537. **Muchas mujeres encontraron nuevas oportunidades de trabajo en fábricas o molinos.** En esta época existía una gran desigualdad entre hombres y mujeres y cuando estas últimas se convirtieron en parte importante de la mano de obra tomaron fuerza los movimientos sufragistas.

538. **Las tasas de inmigración aumentaron significativamente durante este periodo**, con millones de europeos viajando en busca de nuevos trabajos y oportunidades. Muchos europeos se trasladaron a Estados Unidos.

539. **La Revolución Industrial cambió la forma de comprar.** Las tiendas comenzaron a ofrecer una mayor variedad de productos y ampliaron las opciones de crédito para los clientes que no podían pagar por adelantado.

540. **Muchas herramientas se reemplazaron por máquinas que permitían tiempos de producción más rápidos con menos trabajadores necesarios,** lo que se tradujo en costos laborales más bajos que hicieron que muchos productos fueran asequibles para más gente.

541. **Los procesos de producción se estandarizaron, lo que permitió mejorar el control de calidad de los bienes producidos en masa.** Los consumidores sabían si lo que compraban era confiable.

542. **La iluminación por gas sustituyó a las velas y lámparas,** proporcionando fuentes de luz más seguras en los hogares y sin riesgo de incendios por llamas abiertas.

543. **La industrialización trajo consigo muchos inconvenientes.** Por ejemplo, en Europa se produjo un aumento de la contaminación debido a la quema de carbón, petróleo y otros materiales utilizados para la generación de energía.

544. **Los trabajadores de las fábricas a menudo tenían que trabajar muchas horas en condiciones peligrosas.** Recibían muy poca paga y tenían muy pocas medidas de seguridad.

545. En 1712, **James Watt inventó la máquina a vapor.** La energía del vapor se convirtió en la fuente de energía más popular para las máquinas y el transporte.

La Revolución francesa
(1789-1799)

La Revolución francesa fue uno de los periodos más turbulentos e influyentes de la historia europea. En este capítulo, se exploran treinta hechos interesantes sobre la revolución, incluyendo cómo comenzó, sus líderes significativos y sus impactantes reformas.

546. **Con la Revolución francesa, Francia pasó de ser una monarquía absoluta a una república con ideales democráticos.**

547. **Comenzó en 1787 se extendió hasta 1799, cuando Napoleón Bonaparte apareció en escena para tomar el control de Francia.**

548. **Los motivos generales de la revolución fueron los elevados impuestos y precios,** la pobreza, una crisis económica nacional y la difícil situación de la población campesina de Francia.

549. **El rey Luis XVI era una figura muy impopular.** Llevaba una vida extremadamente lujosa, al igual que los miembros de las altas esferas de la sociedad, lo que alimentó el descontento de los plebeyos.

550. **La revolución comenzó cuando el ministro de Finanzas francés convocó a los Estados Generales** para hacer frente a la crisis económica.

551. **Los Estados Generales eran el Primer Estado** (el clero), **el Segundo Estado** (la nobleza) y **el Tercer Estado** (los plebeyos).

552. **El Tercer Estado era el más numeroso, con seiscientos miembros,** mientras que el Primer y el Segundo Estado contaban con trescientos miembros cada uno. Sin embargo, cada estamento disponía de un solo voto.

553. **El Tercer Estado quería más poder, ya que era el grupo más numeroso.** Se autoproclamó un nuevo órgano, la Asamblea Nacional, que amenazó con proceder sin el consentimiento de los demás estamentos.

554. **La Asamblea Nacional juró no disolverse antes de haber dotado a Francia de una nueva constitución** y obligó a los demás miembros de los Estados Generales a unirse a ella.

555. El 14 de julio de 1789, en París, **miles de personas enfurecidas asaltaron la Bastilla, una prisión-fortaleza.** Buscaban pólvora y armas.

556. **Los franceses veían en la Bastilla un símbolo de la tiranía de la monarquía.** Todavía hoy se celebra el Día de la Bastilla.

557. **Tras asaltar la Bastilla, los revolucionarios formaron su propia fuerza armada, la Guardia Nacional,** con la intención de oponer mayor resistencia a los leales al trono.

558. **Escritores populares franceses, como Voltaire, escribieron historias satíricas** burlándose de los funcionarios del gobierno, lo que ayudó a alimentar el descontento público antes y durante la revolución.

559. **El rey Luis XVI intentó huir de París con su familia para organizar una contrarrevolución en junio de 1791,** pero fue arrestado en la pequeña localidad de Varennes, al noreste de la capital francesa.

560. **El nuevo régimen, dirigido por la Asamblea Nacional Constituyente, introdujo una serie de reformas que debilitaron a la nobleza y a la Iglesia.** Redistribuyó las tierras para pagar la deuda pública, otorgó nuevos derechos a las clases bajas e implantó un nuevo sistema administrativo para gobernar mejor el país.

561. **La *Declaración de los Derechos del Hombre y del Ciudadano* afirmó que los valores universales de libertad, igualdad y fraternidad eran valores esenciales.**

562. **La reina María Antonieta, esposa de Luis XVI, fue una firme opositora a la revolución.** También fue detenida cuando la familia real intentaba huir de Francia.

563. **María Antonieta es conocida por decir: «Que coman pastel»,** pero no hay pruebas de que alguna vez pronunciara estas palabras.

564. **En 1792, Francia se vio arrastrada a una guerra con las potencias europeas que deseaban poner fin a la revolución,** ya que amenazaba las posiciones de los monarcas absolutos en todo el continente.

565. **La guerra terminó con la derrota francesa**, pero la monarquía no fue restablecida por las potencias extranjeras.

566. **Durante la revolución, muchas facciones políticas diferentes, como los girondinos, los montañeses y los jacobinos**, lucharon por sus propias ideas de cómo debía ser la nueva Francia.

567. **En 1793, Luis XVI y María Antonieta fueron juzgados y ejecutados**, acusados de alta traición.

568. **Maximilien Robespierre alcanzó la fama durante la Revolución francesa.** Tomó duras medidas contra los sospechosos de estar en contra de la revolución.

569. **Robespierre dirigió su propio partido político llamado jacobino. Querían la igualdad ante la Ley,** pero también creían firmemente en la ejecución de cualquiera que se opusiera a su causa.

570. **El Reinado del Terror fue un periodo violento durante el cual cientos de miles de personas fueron arrestadas**. Miles murieron en la guillotina en un esfuerzo por «purificar» Francia. El propio Robespierre fue decapitado el 28 de julio de 1794.

571. En 1795 **se formó un nuevo gobierno llamado Directorio,** que estaba compuesto por cinco miembros que cogobernaban el Estado.

572. **Tras la formación del Directorio, un joven general llamado Napoleón Bonaparte** comenzó a destacar por sus victorias militares durante una campaña militar en Italia.

573. **Francia experimentó cambios culturales masivos durante la revolución.** Adoptó un nuevo himno nacional, adoptó el sistema métrico decimal, estableció la educación pública para todos los ciudadanos (incluidas las niñas) y abolió la esclavitud en sus colonias.

574. **Napoleón ganó mucha popularidad y el apoyo de sus propias tropas.** Él y algunos seguidores derrocaron al Directorio en 1799 en el golpe del 18 Brumario.

575. **El golpe abolió el Directorio e instauró el nuevo Consulado tripartito, con Napoleón a la cabeza,** dando paso a una nueva era en la historia europea.

Las guerras napoleónicas
(1803-1815)

Las guerras napoleónicas fueron una serie de batallas libradas entre muchos países de Europa. Esta sección explora treinta hechos sobre este periodo, incluyendo los países implicados y cómo los conflictos impactaron en Europa.

576. **Las guerras napoleónicas se refieren a una serie de campañas militares libradas entre 1803 y 1815.** Estos conflictos enfrentaron a Francia con otros estados europeos, principalmente Gran Bretaña, Austria, Rusia, Prusia, Portugal, España y Suecia.

577. Tras convertirse en primer cónsul con el golpe de 18 Brumario, **Napoleón asumió el control casi total de la Francia revolucionaria en 1799.**

578. **Tras acceder al poder, Napoleón puso en marcha una serie de reformas políticas y económicas** que reforzaron su posición y ayudaron a Francia a recuperarse de los terribles acontecimientos que había sufrido durante la Revolución francesa.

579. **Napoleón reorganizó el ejército francés, introduciendo nuevas leyes de reclutamiento y alistamiento y haciéndolo mucho más fuerte que antes**. También decidió dirigir personalmente el ejército.

580. En 1803, **Gran Bretaña declaró la guerra a Francia**, tras constatar el reciente ascenso de Francia y el interés declarado de Napoleón por extender los ideales de la Revolución francesa en el resto de Europa.

581. En octubre de 1805, **las fuerzas navales francesas fueron aplastadas por las británicas en la batalla de Trafalgar**. Esta batalla es conocida por **la muerte de Horatio Nelson**, que se convirtió en una leyenda británica.

582. **Napoleón logró una gran victoria contra un ejército combinado austro-ruso en la batalla de Austerlitz** a finales de 1805. Esta batalla condujo a la creación de la **Confederación del Rin,** que finalmente condujo al fin del **Sacro Imperio Romano Germánico.**

583. **La Marina Real Británica, que era una de las más poderosas del mundo** en aquella época, evitó que Napoleón se lanzara a la invasión de Gran Bretaña.

584. **Napoleón derrotó a las coaliciones austriaca, prusiana, alemana, sueca y rusa** hasta hacerse con el control de la mayor parte de Europa occidental y central en 1809.

585. En 1807, **Napoleón dirigió una invasión a Portugal, aliado de Gran Bretaña, y ocupó Lisboa.**

586. **Napoleón depuso al rey español e instaló a su hermano como nuevo rey de España en 1808.**

587. **Se produjo una revuelta generalizada en Iberia, donde gran parte de las fuerzas de Napoleón fueron atacadas durante seis años**, teniendo que luchar contra la feroz oposición de guerrilleros españoles y portugueses hasta su derrota final en 1814.

588. **Napoleón organizó un bloqueo llamado Sistema Continental contra Gran Bretaña**, que limitaba la capacidad de los estados europeos para comerciar con los británicos. Napoleón quería debilitar económicamente a su rival.

589. En 1812, **Rusia supuestamente rompió su compromiso como miembro del Sistema Continental, por lo que Napoleón quiso invadir Rusia** con un ejército de más de 600.000 soldados.

590. **La invasión de Rusia fue su mayor error. Los rusos nunca se enfrentaron a los franceses en la batalla**, sino que los atrajeron hacia el remoto corazón de Rusia mientras arrasaban sus propias ciudades y pueblos durante su retirada.

591. **En Rusia, el ejército de Napoleón sufrió terribles bajas debido al frío extremo y a las tácticas rusas.** Solo un 10 % de los soldados de Napoleón sobrevivieron a la campaña.

592. **Francia nunca se recuperó de la campaña rusa.** Sus rivales volvieron a consolidar sus fuerzas y derrotaron a Napoleón en Leipzig en 1813.

593. **Las fuerzas de la coalición formada por Austria, Prusia y Rusia**, tomaron París en marzo de 1814.

594. **Napoleón fue obligado a abdicar y desterrado a Elba**, una isla del Mediterráneo frente a la costa italiana.

595. En 1815, **Napoleón escapó del exilio, pero finalmente fue derrotado en la batalla de Waterloo por una coalición encabezada por los británicos y dirigida por el duque Wellington.**

596. **Algunos creen que Napoleón podría haber ganado la batalla. Las fuertes lluvias retrasaron sus planes**, lo que dio tiempo a la coalición para reagruparse.

597. **La batalla de Waterloo es una de las más famosas de la historia europea.** Fue la segunda batalla más sangrienta que tuvo lugar durante las guerras napoleónicas.

598. **El Congreso de Viena (1814-1815) dio lugar a la formación de un nuevo orden político en Europa,** que se conoció como el Concierto de Europa. Su objetivo era mantener el equilibrio de poder en el continente.

599. **Las guerras variaron mucho en sus tácticas militares.** Por ejemplo, la guerra de guerrillas se hizo popular debido a su eficacia contra ejércitos más grandes.

600. **Millones de civiles murieron durante este periodo debido a enfermedades relacionadas con la guerra y al hambre.**

601. **Durante este periodo se produjeron muchos avances tecnológicos.** Por ejemplo, se desarrollaron nuevos tipos de mosquetes y de artillería, que permitían a los ejércitos disparar más rápido que nunca.

602. **Los esfuerzos de Napoleón por difundir un sistema unificado de leyes en toda Europa, conocido como el *Código Napoleónico*,** fueron cruciales para que cada estado estableciera su propio sistema de leyes.

603. **Durante estas guerras, se produjo un auge del nacionalismo entre las poblaciones europeas** que condujo a la formación de los estados-nación modernos, como Italia y Alemania.

604. **El declive de Napoleón supuso el ascenso de Gran Bretaña.** Los británicos consolidaron su poder económico y poseyeron la armada más poderosa del mundo.

605. **Francia perdió todos los territorios ganados durante las guerras.** Rusia añadió gran parte de Polonia a su control y Prusia también ganó tierras.

La guerra de Independencia griega (1821-1829)

La guerra de Independencia griega fue un importante acontecimiento de la historia moderna en el que Grecia luchó por su independencia. En este capítulo se explora este fascinante periodo a través de veinticinco datos interesantes.

606. **La guerra de Independencia griega se libró entre 1821 y 1829.** Los nacionalistas griegos querían **independizarse del Imperio otomano** y establecer un estado griego soberano.

607. **Esta guerra fue un conflicto muy influyente que sentó muchos precedentes internacionales** y ayudó a configurar el camino para futuras guerras revolucionarias contra imperios.

608. **Un grupo llamado *Filiki Eteria*** («Sociedad de Amigos») fue una parte importante del comienzo de **la revolución contra los otomanos**, que habían gobernado Grecia desde 1453.

609. **La *Filiki Eteria* se inspiró en la Revolución francesa**, cuyos acontecimientos habían dejado claro que las personas de una nación podían unirse para derrocar el dominio absoluto.

610. **Este grupo incluía a figuras destacadas como Alexander Ypsilantis, Theodoros Kolokotronis, Demetrius Ypsilantis y Georgios Karaiskakis.**

611. **El líder de la Revolución griega fue un hombre llamado Ioannis Kapodistrias**, que más tarde se convirtió en el primer ministro de Grecia tras la independencia. Se le llamaba el gobernador de Grecia.

612. **La revolución estaba planeada para comenzar el 25 de marzo de 1821, pero los conspiradores se vieron obligados a iniciar la insurrección un mes antes, ya que los otomanos se enteraron de sus planes.**

613. **En febrero de 1821, los griegos de la región del Peloponeso se sublevaron contra sus gobernantes otomanos** y declararon la independencia de Grecia.

614. **Intelectuales famosos creían firmemente en la causa de los griegos**. El médico estadounidense Samuel Howe y el poeta inglés Lord Byron se unieron a la revolución.

615. **La primera bandera de la Grecia independiente se basó en un antiguo símbolo conocido como la cruz cuadrada, que aún hoy utilizan muchas iglesias ortodoxas de todo el mundo.**

616. **Muchos países, como Gran Bretaña y Francia, apoyaron a Grecia durante esta guerra,** pero Rusia fue su aliado más poderoso.

617. **Estas potencias europeas enviaron sus flotas para proporcionar la necesaria ayuda naval a los revolucionarios griegos** que estaban siendo superados en el mar por los otomanos.

618. **El Imperio otomano había experimentado un largo periodo de decadencia**, lo que permitió que muchas nacionalidades diferentes bajo su control lo desafiaran y lucharan por la independencia.

619. **Las revueltas griegas estallaron en todo el Imperio otomano.** Los otomanos no pudieron hacer frente a todas ellas y se vieron obligados a reorganizar sus defensas.

620. **Las fuerzas otomanas estaban tan mal organizadas que sufrieron duras derrotas** a manos de las fuerzas militares griegas, incluso en el mar.

621. **Los otomanos solicitaron ayuda a Egipto para contrarrestar las victorias griegas**, pero la presión internacional hizo inútiles sus esfuerzos.

622. **La batalla de Navarino, en 1827, fue una gran victoria para los griegos y les ayudó a obtener el reconocimiento internacional de países como Gran Bretaña, Rusia y Francia.**

623. **En una asamblea conocida como el Protocolo de Londres, Gran Bretaña y Rusia reconocieron conjuntamente una Grecia independiente en 1830,** algo que se reafirmó dos años más tarde cuando el Imperio otomano aceptó su derrota.

624. **El príncipe Otto von Wittelsbach de Baviera fue elegido por el rey Jorge IV de Inglaterra para convertirse en el primer monarca de Grecia**. No tuvo mucho éxito debido a los disturbios políticos, que duraron hasta 1862, cuando fue depuesto.

625. **El himno nacional de Grecia se llama** «*Himno a la libertad*» y fue escrito por Dionysios Solomos en 1823.

626. **Tras obtener la independencia, Grecia se convirtió en una monarquía constitucional**. La monarquía fue abolida a finales del siglo XX.

627. **Durante la guerra se produjeron importantes avances en la tecnología naval, como el desarrollo de barcos propulsados por vapor**, lo que contribuyó a asegurar la victoria en batallas como la de Navarino.

628. **Curiosamente, Haití, que se había independizado de Francia un par de décadas antes,** fue la primera nación en reconocer a Grecia como nación plenamente soberana.

629. El **Tratado de Constantinopla**, firmado en 1832, definió las nuevas fronteras entre Grecia y el Imperio otomano.

630. **La guerra de Independencia griega llevó a otros países, como Serbia, Bulgaria y Rumania** a independizarse del dominio otomano.

La guerra de Crimea
(1853-1856)

La guerra de Crimea fue un gran conflicto internacional en el que participaron millones de soldados. En este capítulo, se exploran veinte hechos fascinantes sobre esta guerra, incluyendo las tecnologías que se utilizaron, los heroicos esfuerzos de una enfermera, ¡y mucho más!

631. **La guerra de Crimea se libró entre Rusia y una alianza de países, entre ellos Gran Bretaña, Francia y el Imperio otomano.**

632. **Duró de 1853 a 1856 y en ella participaron millones de soldados de ambos bandos,** que libraron diversas batallas en Europa y Oriente Próximo.

633. **Comenzó cuando las tropas rusas invadieron Crimea, territorio del Imperio otomano,** tras un desacuerdo sobre quién debía controlarlo.

634. **Una de las razones del estallido de la guerra fue el supuesto maltrato a los súbditos ortodoxos orientales en la Palestina controlada por los otomanos.**

635. **Rusia exigió que la población ortodoxa oriental del Imperio otomano estuviera bajo la protección del zar Nicolás I**, petición que fue rechazada por el gobierno otomano, ya que habría dado a Rusia una influencia considerable.

636. **Tras esta negativa, Rusia decidió lanzar una invasión de tierras otomanas en julio de 1853** atacando Rumania, controlada por los otomanos.

637. **Otra razón detrás de la política agresiva de Rusia fue el declive de la fuerza del Imperio otomano**, que ponía en cuestión el futuro del equilibrio de poder europeo establecido tras las guerras napoleónicas.

638. **Las fuerzas aliadas obtuvieron dos victorias navales clave sobre las flotas rusas en Sinope** (en la actual Turquía), en noviembre de 1853; y en la bahía de Taganrog (en la actual Rusia), en enero de 1855.

639. El sitio de Sebastopol, que duró once meses, fue el punto de inflexión decisivo de la guerra. Las fuerzas aliadas consiguieron derrotar a los rusos tras intensos combates.

640. Rusia pidió la paz tras la derrota en Sebastopol, temiendo que su corazón fuera invadido por las fuerzas aliadas.

641. El conflicto terminó con la victoria de Gran Bretaña, Francia y el Imperio otomano y Rusia tuvo que renunciar a algunas de sus tierras cerca de Crimea con el **Tratado de París de 1856.**

642. Los británicos y los franceses apoyaron a los otomanos porque temían que el imperio fuera derrotado decisivamente por los rusos, lo que habría alterado el equilibrio de poder en Europa.

643. Enfermedades como el cólera y el tifus mataron a más soldados durante la guerra de Crimea que los combates.

644. La guerra fue testigo de uno de los primeros usos de la fotografía para documentar las batallas y las condiciones en los campos de batalla, ayudando a la gente en casa a entender lo que estaba sucediendo en tiempo real.

645. A veces se hace referencia a la guerra de Crimea como la primera guerra «moderna».

646. Lord Aberdeen, primer ministro del Reino Unido, dimitió poco después de la firma del Tratado de París. La opinión pública estaba disgustada por su mala gestión y el alto costo de la guerra.

647. Muchos cuadros que representaban escenas de la guerra de Crimea se hicieron populares en toda Europa, como el cuadro de William Simpson *Carga de la brigada ligera de caballería* en Balaklava.

648. Florence Nightingale, una famosa enfermera inglesa, estableció hospitales de campaña y formó a enfermeras en el hospital de Scutari, cerca de Estambul, donde trató a soldados heridos y utilizó prácticas sanitarias mejoradas.

649. La guerra de Crimea debilitó enormemente al ejército ruso y Rusia tardó décadas en recuperarse.

650. León Tolstoi, el famoso autor ruso que escribió *Guerra y Paz*, sirvió durante la guerra de Crimea.

Las revoluciones de 1848

En este capítulo se explora la fascinante historia de las revoluciones de 1848 a través de veinte datos interesantes sobre este periodo. ¿Por qué se iniciaron? ¿Se hicieron reformas a raíz de ellas? Mediante estos datos, se entiende por qué este periodo fue tan importante para muchos países europeos.

651. **Las revoluciones de 1848 fueron una serie de levantamientos que tuvieron lugar en muchos países de Europa** a mediados del siglo XIX.

652. **Este periodo se denomina a menudo la Primavera de las Naciones debido a su carácter generalizado,** a la prominencia de los sentimientos nacionalistas y a la esperanza de resultados positivos.

653. **Las revoluciones comenzaron en Francia, donde el pueblo exigía más libertad y democracia al gobierno.**

654. **Durante las Jornadas de Junio, los manifestantes construyeron barricadas en las calles de París.** Protestaban contra las reformas propuestas por el gobierno.

655. **La policía francesa reprimió brutalmente a los manifestantes**, causando unas diez mil víctimas y miles de deportaciones.

656. **Inspirados por los acontecimientos de Francia, los ciudadanos de toda Europa protestaron contra sus gobernantes** para conseguir más derechos y una representación más justa en el gobierno.

657. **Las revoluciones se extendieron rápidamente a otros países como Austria, Prusia** (actual Alemania), **Italia y Hungría.**

658. **En Viena se produjo un levantamiento llamado la Revolución de marzo,** en el que los estudiantes universitarios encabezaron una marcha por la ciudad y exigieron reformas.

659. **Las revoluciones de 1848 supusieron un punto de inflexión para Europa**, ya que fue la primera vez que los movimientos populares se unieron para luchar por el cambio en múltiples países.

660. **Los resultados de las revoluciones variaron de un lugar a otro, pero en general**, no tuvieron éxito para establecer gobiernos liberales o estados-nación.

661. En algunos lugares, **como Francia, las protestas condujeron a la adopción de una nueva constitución,** que garantizaba algunos derechos nuevos.

662. **Los pequeños estados alemanes exigieron la unificación alemana. Aunque esto no se consiguió en 1848,** alimentó un sentimiento que se mantuvo hasta la unificación alemana en 1871.

663. **Italia experimentó algunas reformas, como la abolición de la censura de libros y periódicos,** que ayudó a difundir más información entre los ciudadanos.

664. **En el Imperio austriaco, que contaba con gente de muchas naciones diferentes**, la revolución supuso una gran amenaza para el dominio de los Habsburgo.

665. **Con la ayuda de la intervención militar rusa, los Habsburgo reprimieron brutalmente a los revolucionarios,** que de todas formas lograron avances limitados hacia el liberalismo.

666. **Hungría se declaró independiente del dominio austriaco, Lajos Kossuth se convirtió en su líder** e introdujo numerosas reformas, como la abolición del feudalismo y la concesión de tierras al campesinado.

667. **Las revoluciones de 1848 desencadenaron una oleada migratoria de Europa a Norteamérica,** dando lugar a una de las mayores migraciones de la historia de Estados Unidos.

668. **Escritores como Victor Hugo escribieron sobre estas revoluciones en la época,** lo que ayudó a concienciar a los ciudadanos.

669. **Karl Marx y Friedrich Engels escribieron el famoso *Manifiesto Comunista* en 1848, en el que esbozaban su visión de una sociedad comunista.** Marx participó en la revolución alemana de 1848.

670. **Aunque muchas de las revoluciones de la Primavera de las Naciones no lograron los resultados esperados, provocaron un sentimiento más amplio de nacionalismo liberal en todo el continente.** Las revoluciones dieron lugar a acontecimientos muy influyentes, como la formación de los países tal y como los conocemos hoy.

La unificación de Alemania

Este capítulo explora la histórica unificación de Alemania en 1871. Conozca veinticinco hechos interesantes sobre cómo los estados germanoparlantes se unieron para formar un solo país y el papel que desempeñó Otto von Bismarck.

671. **La unificación de Alemania se produjo en 1871, cuando los estados de habla alemana se unieron para formar un solo país llamado Alemania.**

672. **Desde los albores del Sacro Imperio Romano Germánico,** el territorio de la actual Alemania estuvo dividido entre cientos de pequeños estados, baronías, ducados y ciudades-estado.

673. **Estas entidades políticas, en su mayoría, compartían su cultura y su lengua,** pero las complejas dinámicas y estructuras políticas dentro del Sacro Imperio Romano Germánico habían hecho casi imposible la formación de un estado alemán unido.

674. **Esto cambió tras las guerras napoleónicas.** Napoleón derrotó y reorganizó los estados alemanes, aboliendo el Sacro Imperio Romano Germánico.

675. **En el momento de la unificación de Alemania, en 1871, todavía había más de cuarenta estados alemanes independientes, siendo el Reino de Prusia**, situado en el norte, el más grande.

676. **En casi todos los estados alemanes se manifestaron sentimientos revolucionarios y nacionalistas durante la Primavera de las Naciones,** por lo que el ánimo por la unificación era elevado cuando se inició el proceso.

677. **La unificación fue dirigida por el canciller prusiano Otto von Bismarck,** un excelente diplomático que se dio cuenta de que era posible la unificación alemana bajo Prusia.

678. Uno de los principales oponentes de Bismarck y Prusia fue el Imperio austriaco de los Habsburgo, en donde también se hablaba alemán y se compartía la cultura alemana. El Imperio austriaco tenía intereses económicos y políticos en la unificación de los pequeños estados alemanes.

679. En 1834, los estados alemanes se aliaron en una unión económica, el Zollverein, liderada por Prusia.

680. A principios de la década de 1860, Bismarck se dio cuenta de que Austria estaba debilitada por su reciente derrota en una guerra contra Francia y el Reino de Piamonte. Sabía que era el momento de iniciar el proceso de unificación.

681. Otto von Bismarck declaró célebremente en un discurso en 1862: «Las grandes cuestiones de la época no se resolverán con discursos y decisiones mayoritarias... sino con hierro y sangre». Esta declaración reflejaba su creencia en la importancia del poder militar para lograr la unidad alemana.

682. En 1866, Prusia y Austria entraron en guerra por una provincia alemana en la frontera con Dinamarca llamada Holstein. Austria fue derrotada en poco más de seis semanas.

683. El primer líder oficial de la Alemania unida fue el káiser Guillermo I, que procedía de la familia real prusiana, la dinastía Hohenzollern.

684. En 1866, Prusia proclamó la creación de la Confederación de Alemania del Norte, que lideraría.

685. La Confederación de Alemania del Norte adoptó la Constitución de Alemania del Norte, que la convirtió en una monarquía constitucional basada en el federalismo.

686. De 1866 a 1871, Bismarck puso en marcha políticas internas que sirvieron para fortalecer la producción local y estimular el crecimiento económico. También aplicó reformas en el ejército.

687. En 1870, Prusia, con el apoyo de la Confederación de Alemania del Norte, entró en guerra con Francia. Francia era el nuevo enemigo principal tras la derrota de Austria.

688. **La guerra franco-prusiana de 1870-1871 desempeñó un papel crucial en la unificación de Alemania,** ya que los prusianos lograron una victoria decisiva e inesperada.

689. **El 18 de enero de 1871, en el palacio de Versalles, se proclamó oficialmente el Imperio alemán, o *Reich* alemán,** y el káiser Guillermo I se convirtió en su primer emperador.

690. **La victoria de Prusia sobre Francia debilitó la influencia francesa en Europa y contribuyó a ganar apoyo para el nacionalismo alemán** y acelerar el proceso de unificación.

691. **Tras la reunificación, Berlín se convirtió en la capital de Alemania. Lo sigue siendo en la actualidad.**

692. **Un fuerte sentimiento de nacionalismo está asociado a Alemania** y sus ciudadanos se enorgullecen de llamarse a sí mismos alemanes, independientemente de su origen o procedencia regional.

693. **La unificación alemana inspiró muchos movimientos similares en Europa**, sobre todo la unificación de Italia, que tuvo lugar más o menos en la misma época.

694. **La unificación de Alemania y su potente ejército crearon una nueva superpotencia europea**. Alemania se convirtió en una de las naciones más dominantes del continente.

695. **Gracias al talento de Bismarck como diplomático, el Imperio alemán experimentó un maravilloso crecimiento económico** que se destinó a mantener un ejército profesional y a establecer un nuevo equilibrio de poder en Europa.

La unificación de Italia (1871)

Este capítulo explora la unificación italiana, un movimiento que vio cómo muchos estados se unificaban en un solo país. Conozca veinticinco datos interesantes sobre cómo se logró, desde las figuras clave hasta las revueltas.

696. **La unificación de Italia concluyó en 1871,** aunque el camino de los italianos hacia la unificación comenzó en 1848.

697. Al igual que Alemania, **la península italiana en el siglo XIX estaba formada por estados más pequeños** que compartían en gran medida una cultura común.

698. **Con la difusión de las ideas liberales y nacionalistas en el siglo XIX**, se formó el movimiento del *Risorgimento*, que pretendía unificar la nación italiana.

699. **Cuando comenzó el proceso de unificación en la década de 1840, el sur de Italia estaba controlado por el Reino de las Dos Sicilias,** los territorios centrales estaban controlados por los Estados Pontificios y el norte de la península estaba disputado por varios estados, entre ellos **el Reino de Cerdeña-Piamonte, el Ducado de Toscana y el Reino de Lombardía-Venecia, controlado por Austria.**

700. **El grupo Carbonari fue crucial en la unificación italiana**. Había sido creado como organización política secreta a principios del siglo XIX e impulsaba el nacionalismo italiano y la independencia de la influencia francesa y de los Habsburgo.

701. **Dos de los líderes carbonarios fueron Giuseppe Mazzini y Giuseppe Garibaldi.** Desempeñaron un importante papel en la unificación de Italia.

702. **Garibaldi era piamontés y escapó de la cárcel en 1834. Se marchó a Sudamérica,** donde adquirió mucha práctica en las guerras revolucionarias latinoamericanas. Aprendió el arte de la guerra de guerrillas y regresó a Italia en 1848.

703. **Mazzini era el estadista de los Carbonari,** fue detenido un par de veces por actividades revolucionarias.

704. **El Reino de Cerdeña-Piamonte lideró el proceso de unificación italiana.**

705. En 1848, **durante la primera guerra de Independencia italiana, el Reino de Cerdeña-Piamonte entró en guerra con la Austria de los Habsburgo.**

706. **El Piamonte contó con la ayuda de los revolucionarios locales**, que querían acabar con el dominio conservador en las provincias italianas controladas por Austria.

707. **Durante el mismo año, se produjo una revuelta liberal contra la monarquía borbónica en el Reino de las Dos Sicilias**, que fue reprimida por el rey.

708. **La primera guerra de Independencia italiana se saldó con una victoria austriaca.** Francia intervino para restablecer el *statu quo* y mantener a Italia desintegrada.

709. **El primer ministro Camillo Cavour creó una alianza entre Cerdeña-Piamonte y Francia contra la Austria de los Habsburgo.** Ambos bandos entraron en guerra en 1859, durante la segunda guerra de Independencia italiana.

710. **En esta ocasión, los franceses y los sardos salieron victoriosos**, obligando a Austria a ceder el control de las provincias de Lombardía, Módena y Emilia.

711. **Un año más tarde, Giuseppe Garibaldi dirigió una expedición militar secreta para derrocar a la monarquía siciliana y anexar las provincias del sur de Italia al Reino de Cerdeña-Piamonte.**

712. **La Expedición de los Mil consiguió liberar Sicilia y derrocar la monarquía siciliana.** Los revolucionarios también tomaron la mayor parte de los territorios de los Estados Pontificios en el centro de Italia.

713. En 1861, **el Reino de las Dos Sicilias fue anexionado por Italia unida tras un referéndum en el que el 97 % de los sicilianos votaron a favor de la unificación.**

714. **El Reino de Italia fue proclamado oficialmente en marzo de 1861,** con el título de rey asumido por Víctor Manuel II de Cerdeña.

715. **En 1866, el Reino de Italia, que controlaba la mayor parte de la península itálica, se unió a Prusia para derrotar a Austria.**

716. Durante la guerra, **el Reino de Italia reclamó los territorios austriacos italianos de Véneto, Friuli y Mantua.**

717. **La unificación de Italia se completó en 1871 con la anexión de Roma tras la victoria alemana en la guerra franco-prusiana.**

718. **El papa Pío IX se opuso a la unificación, algo que llevó a que los Estados Pontificios fueran anexados por Italia tras la toma de Roma en 1870, poniendo fin al dominio papal en Italia.**

719. **Roma se convirtió en capital tras su incorporación a Italia.**

720. **Tras la unificación, hubo más inversiones en infraestructuras**, lo que llevó a mejoras en la industrialización, las redes ferroviarias y los sistemas educativos.

721. **La unificación ayudó a dar forma a la Italia moderna y a su cultura tal y como la conocemos hoy en día**, incluyendo la música, el arte y la literatura.

722. **La unificación italiana fue un proceso largo y difícil que tardó muchas décadas en completarse, a diferencia de la unificación alemana**, que se logró en el lapso de unos quince años.

723. **El primer ministro Camillo Cavour falleció poco después de la unificación.** Aún hoy se recuerdan sus esfuerzos por crear la Italia moderna.

724. **El himno nacional de Italia, «*Il Canto Degli Italiani*», fue compuesto en 1847**, en pleno auge del sentimiento nacionalista. Hoy es el himno nacional del país.

725. **El diseño de la bandera nacional moderna de Italia se adoptó durante la unificación**. La bandera tricolor fue utilizada por los **Carbonari sardos** y más tarde se extendió por todo el país.

La lucha por África y la Europa de Bismarck (1871-1914)

La lucha por África, que tuvo lugar principalmente a finales del siglo XIX y principios del XX, fue un periodo de intensa colonización y expansión imperial de las potencias europeas por **el continente africano.** Esta época también fue testigo del **ascenso de Prusia.** Estos treinta datos interesantes arrojan luz sobre este periodo crucial de la historia europea.

726. **Las tres últimas décadas del siglo XIX y la primera del XX** fueron testigos de una serie de maniobras políticas en Europa que culminaron con el estallido de la Primera Guerra Mundial.

727. **Con la unificación de Italia y Alemania se habían creado en Europa dos nuevos y poderosos imperios.** Competían con las ya fuertes superpotencias francesa, británica, rusa y austriaca.

728. **Para mantener el equilibrio de poder entre estos grandes imperios y evitar el estallido de un gran conflicto, Otto von Bismarck** creyó necesario contener a Francia, que había atropellado a toda **Europa durante el reinado de Napoleón.**

729. **En 1879, Alemania estableció una alianza defensiva con Austria-Hungría. Italia se unió en 1882, convirtiéndola en la Triple Alianza.**

730. **Los tres estados pactaron acuerdos secretos y se comprometieron a apoyarse mutuamente en un conflicto contra Francia.**

731. Francia reunió a sus propios aliados. **El principal era el Imperio ruso, que estaba en declive.**

732. **Francia y Rusia firmaron un acuerdo en 1891 y se aliaron tres años más tarde.** Los franceses prestaron a los rusos muchos fondos para reconstruir y modernizar sus infraestructuras y su ejército.

733. **Alemania incrementó su ejército y su economía hasta el punto de desafiar seriamente a Gran Bretaña,** que se había erigido como el estado más poderoso de la Europa del siglo XIX.

734. **Gran Bretaña contaba con la armada más fuerte, un extenso sistema de colonias, un poderoso ejército y una gran economía.** También disfrutaba de una política aislada, por lo que no se veía tan afectada por la política de la Europa continental.

735. **Con el ascenso de Alemania, la política exterior británica cambió,** y la nación firmó acuerdos con Francia y Rusia.

736. **Gran Bretaña, Rusia y Francia formaron la Triple Entente para equilibrar el poder de la Triple Alianza.**

737. **En la Conferencia de Berlín** (1884-1885), **las principales potencias europeas se sentaron a la mesa de negociaciones para debatir el futuro de Europa** y del resto del mundo.

738. **Con ella inició la «lucha por África», una carrera por la conquista de tierras y la colonización de un continente** que, en aquella época, aún no había sido explorado por los europeos.

739. **La Conferencia de Berlín no consistió en trazar fronteras arbitrarias en un mapa de África. Por el contrario,** formalizó las reclamaciones coloniales existentes y trató de establecer directrices para futuras adquisiciones territoriales.

740. **Al comienzo de la lucha por África, sólo el 10 % de las tierras africanas habían sido reclamadas por los europeos.** En 1900, esa cifra había aumentado hasta el 90 %.

741. **Muchas tribus africanas fueron expulsadas o esclavizadas durante este periodo,** lo que provocó importantes pérdidas de vidas en ambos bandos debido a las guerras libradas por los territorios.

742. **Los colonos europeos llevaron su propia cultura, lengua, religión, leyes y sistema educativo** a las regiones que ocuparon, sustituyendo las formas tradicionales de hacer las cosas.

743. **Francia fue muy activa durante este periodo. Adquirió más tierras que cualquier otra nación europea en África occidental.**

744. **Gran Bretaña era la potencia dominante en el sur de África. Adquirió colonias en Nigeria, Sudán, Uganda y Kenia.**

745. **Portugal estableció su colonia en Angola e Italia se hizo con el control de Libia.**

746. **Alemania entró tarde en la lucha por África, pero adquirió Togolandia** (hoy parte de Ghana), Camerún y el África Oriental Alemana (Ruanda y Burundi).

747. **Los imperios europeos justificaron su despiadada conquista y colonización del continente africano** con la creencia de que estaban llevando la ilustración y el progreso a las partes incivilizadas del mundo.

748. **Millones de africanos sufrieron bajo el brutal dominio colonial.** Muchos se vieron obligados a abandonar sus hogares y experimentaron terribles condiciones de vida.

749. **La lucha por África provocó sufrimiento económico**, ya que Gran Bretaña y otros países se apoderaron de los recursos de las colonias sin intención de ofrecer oportunidades comerciales justas.

750. **En este periodo surgieron sentimientos nacionalistas entre los pueblos de todo el continente que querían liberarse del dominio colonial**. Tras la Primera Guerra Mundial, se produjeron varios movimientos independentistas.

751. **Muchos países africanos siguen sufriendo desigualdad económica y agitación política.** Muchos politólogos creen que esto se debe a la lucha por África.

752. **La lucha por África dio forma a gran parte del derecho internacional actual que rige las relaciones entre los diferentes Estados** en cuestiones como los derechos sobre la tierra y la extracción de recursos.

753. **La lucha por África estimuló las rivalidades entre las superpotencias europeas**, especialmente entre Alemania, Francia y Gran Bretaña.

754. **La rivalidad británico-alemana desembocó en una carrera armamentística naval**, con la recién creada armada alemana desafiando la supremacía de **la Royal Navy británica** hacia 1914.

755. **Austria-Hungría absorbió poco a poco a las naciones-estado de los Balcanes**, que intentaban independizarse del Imperio otomano, que se desmoronaba.

Las guerras de los Balcanes
(1912-1913)

Las guerras de los Balcanes fueron un periodo crucial en la historia del sureste de Europa. Conozca veinte hechos sobre cómo comenzaron estos conflictos y su impacto en la Primera Guerra Mundial.

756. **Las guerras balcánicas fueron dos conflictos librados entre 1912 y 1913** que dieron lugar a la aparición de nuevos estados balcánicos y al debilitamiento del Imperio otomano.

757. **La primera guerra de los Balcanes tuvo lugar entre octubre de 1912 y mayo de 1913 y en ella participó la Liga Balcánica** (Serbia, Montenegro, Grecia y Bulgaria) **contra el Imperio otomano.**

758. **El principal objetivo de la Liga Balcánica era expulsar al Imperio otomano de los Balcanes** y ganar territorio en la región donde estas nacionalidades habían vivido durante siglos bajo la soberanía otomana.

759. **La Liga Balcánica consiguió rápidamente importantes victorias contra el Imperio otomano,** capturando territorios en las actuales Albania, Macedonia y Tracia.

760. **La batalla de Kumanovo, en octubre de 1912, supuso una victoria decisiva de la Liga Balcánica contra los otomanos en Macedonia.**

761. **El asedio de Adrianópolis (Edirne), en noviembre de 1912, fue una importante operación militar de las fuerzas búlgaras y serbias**, que tuvo como resultado la toma de la ciudad.

762. **El 30 de mayo de 1913 se firmó el Tratado de Londres**, que puso fin a la primera guerra de los Balcanes y reconoció importantes ganancias territoriales para los estados de la Liga Balcánica a expensas del **Imperio otomano.**

763. **Este tratado fue negociado por las grandes potencias europeas para evitar una nueva escalada del conflicto** y mantener la estabilidad en la región.

764. **La primera guerra de los Balcanes también dio lugar a la creación de una Albania independiente.**

765. **La segunda guerra de los Balcanes** tuvo lugar entre junio y agosto de 1913 y **enfrentó a Bulgaria con sus antiguos aliados, Serbia, Grecia y Rumania.**

766. **La principal causa de la segunda guerra de los Balcanes fue la insatisfacción de Bulgaria con las ganancias territoriales obtenidas con el Tratado de Londres.** Los búlgaros esperaban conseguir más del primer conflicto.

767. **Bulgaria inició las hostilidades contra sus antiguos aliados atacando posiciones serbias y griegas en Macedonia** en junio de 1913.

768. Sin embargo, **el ejército serbio, con el apoyo de Grecia y Rumania, lanzó una exitosa contraofensiva,** haciendo retroceder a las fuerzas búlgaras.

769. **La batalla del Desfiladero de Kresna, en julio de 1913, fue un importante enfrentamiento en el que las fuerzas serbias y griegas derrotaron a las fuerzas búlgaras,** que intentaban avanzar hacia territorio griego.

770. **Bulgaria se vio obligada a rendirse, firmando el Tratado de Bucarest el 10 de agosto** de 1913, poniendo fin a la segunda guerra de los Balcanes. Bulgaria sufrió pérdidas territoriales.

771. **Los ajustes territoriales realizados en el Tratado de Bucarest incluyeron que Serbia ganara el territorio de gran parte de Macedonia,** Grecia ganara el sur de Macedonia y Rumania ganara el sur de Dobruja.

772. **Las guerras de los Balcanes fueron muy importantes en el contexto de la Europa del siglo XX, ya que debilitaron significativamente la presencia del Imperio otomano en los Balcanes,** allanando el camino para su colapso durante la Primera Guerra Mundial.

773. **Las guerras de los Balcanes contribuyeron al crecimiento de sentimientos nacionalistas entre los diversos grupos étnicos de la región,** lo que dio lugar a nuevos conflictos y tensiones en las décadas siguientes.

774. **Las guerras de los Balcanes provocaron importantes movimientos de población,** incluido el desplazamiento de poblaciones musulmanas de los territorios capturados por los **estados de la Liga Balcánica.**

775. **Estos conflictos se consideran a menudo como un preludio de la Primera Guerra Mundial,** ya que pusieron de relieve la compleja red de alianzas y rivalidades en Europa.

La Primera Guerra Mundial
(1914-1918)

En este capítulo se exploran los acontecimientos y hechos que rodearon la Primera Guerra Mundial. Conozca treinta datos interesantes sobre cómo empezó, los principales participantes y las batallas más importantes. **Descubra cómo la Primera Guerra Mundial cambió la historia para siempre.**

776. La guerra comenzó el 28 de julio de 1914, cuando **Austria declaró la guerra a Serbia en respuesta al asesinato del archiduque Francisco Fernando.**

777. **El archiduque Francisco Fernando y su esposa fueron asesinados durante su visita a la ciudad bosnia de Sarajevo por el nacionalista serbio Gavrilo Princip.**

778. **Serbios, bosnios, croatas y otros pueblos balcánicos que habían estado bajo el gobierno conservador del Imperio austrohúngaro estaban descontentos con el dominio de los Habsburgo.** Querían la independencia y algunos llegaron a extremos para lograr sus objetivos.

779. **El asesinato del archiduque Francisco Fernando fue seguido de una serie de maniobras diplomáticas por parte de las naciones europeas.** Este periodo fue conocido como la Crisis de Julio, durante la cual los países europeos movilizaron sus fuerzas y se prepararon para la guerra.

780. **Rusia acudió en defensa de Serbia, lo que provocó que Austria declarara la guerra a Rusia,** lo que arrastró a Francia, Alemania y Gran Bretaña al conflicto.

781. **La Primera Guerra Mundial fue la mayor guerra librada por un estado hasta ese momento de la historia.**

782. **El número total de damnificados fue de unos cuarenta millones.** Hubo alrededor de veinte millones de muertos y veintiún millones de heridos. Esta cifra incluye tanto a civiles como a militares.

783. **El Imperio otomano se unió a la guerra en 1915 del lado de las potencias centrales (Alemania y Austria-Hungría). Los otomanos** querían salvar su imperio en declive y hacerse con el control de territorios en los Balcanes y el Cáucaso.

784. **Italia y Estados Unidos se pusieron del lado de la Entente**, mientras que Bulgaria se unió a la guerra del lado de las Potencias Centrales.

785. **La Primera Guerra Mundial fue tan destructiva debido a la implementación de nuevas tácticas y tecnologías militares**, como tanques, aviones y ametralladoras.

786. **La Primera Guerra Mundial se hizo tristemente célebre por la guerra de trincheras.** Los soldados cavaban trincheras en el campo de batalla, dando lugar a posiciones defensivas bien fortificadas que eran extremadamente difíciles de atacar para el otro bando.

787. **En la Primera Guerra Mundial se utilizó por primera vez el gas venenoso.** Al final del conflicto, se habían liberado más de 125.000 toneladas de gases venenosos en las trincheras.

788. **En el frente occidental, donde Alemania luchó contra británicos y franceses**, las mayores batallas tuvieron lugar en el Somme y Verdún, con más de 1,5 millones de bajas.

789. **La batalla de Verdún duró trescientos días. Fue conocida como la batalla más sangrienta de la Primera Guerra Mundial,** ya que hubo más de 300.000 bajas francesas y alemanas.

790. **Tras los primeros avances alemanes en 1914 y 1915, franceses y británicos contuvieron la invasión alemana,** llegando a un punto muerto que se rompió en 1917 con la llegada de los soldados estadounidenses.

791. **El 25 de diciembre de 1914, los soldados británicos y alemanes declararon un alto el fuego temporal.** Se intercambiaron regalos y jugaron un partido de fútbol. Este día se conoce como la Tregua de Navidad.

792. **En el frente oriental, las fuerzas alemanas y austriacas hicieron retroceder a los soldados rusos,** lo que provocó el caos en Rusia.

793. **La Revolución rusa de 1917 supuso la salida de Rusia de la guerra.** Los revolucionarios, además, derrocaron el Imperio ruso.

794. **En 1915, los Aliados lanzaron una invasión naval al Imperio otomano**. Desembarcaron en la península de Galípoli con la esperanza de tomar Constantinopla.

795. **La campaña de Galípoli duró diez meses y causó unas 500.000 bajas a mediados de 1916.** Los Aliados fueron incapaces de romper las defensas otomanas.

796. **Tras la entrada de Italia en la guerra, los italianos intentaron penetrar en Austria, pero se encontraron con la feroz resistencia de las fuerzas austro-alemanas** en la actual Eslovenia, a orillas del río Isonzo.

797. **Hubo doce batallas a lo largo del río Isonzo.** Los italianos fueron expulsados del río en octubre de 1917.

798. **Estados Unidos se unió a la Primera Guerra Mundial en 1917 después de que los submarinos alemanes hundieran sin previo aviso varios barcos mercantes estadounidenses** que transportaban suministros para las fuerzas aliadas.

799. **Alemania fue la única potencia central que contó con abundantes recursos y un ejército competente durante la mayor parte de la guerra.** Las tropas austriacas, otomanas y búlgaras carecían de disciplina y equipamiento.

800. **A medida que la guerra se prolongaba, el sentimiento de la población de Berlín y otras grandes ciudades alemanas** hacía imposible continuar con el esfuerzo bélico.

801. **La guerra terminó oficialmente con la firma del Tratado de Versalles, el 28 de junio de 1919.** El tratado imponía severas restricciones a Alemania por haber iniciado la guerra, incluyendo cuantiosas reparaciones.

802. **Además del Tratado de Versalles, las potencias derrotadas firmaron otros tratados por separado.**

803. **La Primera Guerra Mundial marcó el fin de los antiguos imperios en Europa, ya que Alemania, Austria-Hungría y el Imperio otomano se reorganizaron en nuevos estados**. La Revolución rusa, por su parte, puso fin al Imperio ruso.

804. **La guerra condujo a la formación de múltiples estados-nación en toda Europa, como Checoslovaquia, Hungría, Polonia, Ucrania, Georgia, Yugoslavia y Rumania**, donde se establecieron regímenes democráticos liberales en su mayoría.

805. **El presidente estadounidense Woodrow Wilson quería evitar el estallido de otra guerra masiva,** por lo que ayudó a crear una organización internacional llamada Sociedad de las Naciones, a la que se unieron muchas naciones europeas.

La Revolución rusa y la formación de la URSS (1917)

La Revolución rusa fue un gran acontecimiento que afectó enormemente a Europa. Estos veinticinco hechos fascinantes dan una idea de las causas de la revolución y de las figuras que participaron en el derrocamiento del Imperio ruso.

806. **La Revolución rusa comenzó en 1917 en medio de la Primera Guerra Mundial** tras una serie de protestas y huelgas obreras en San Petersburgo y Moscú.

807. **Las clases bajas sufrían malas condiciones de vida y no tenían derechos fundamentales ni prosperidad económica.** Las protestas también comenzaron porque las fuerzas rusas sufrieron varias derrotas en la Primera Guerra Mundial.

808. **Como consecuencia de la revolución, el monarca ruso, el zar Nicolás II**, se vio obligado a abdicar, poniendo fin a una larga línea de sucesión monárquica.

809. **Rusia se reorganizó como el primer Estado comunista de la historia mundial.**

810. **En marzo comenzaron las primeras protestas, que desembocaron en la creación de un gobierno provisional dirigido por la Duma rusa** (el órgano parlamentario).

811. También se crearon los sóviets locales, **consejos obreros socialistas que gobernaban los asuntos de los pequeños distritos.**

812. **Creció la influencia de un grupo de revolucionarios de extrema izquierda, los bolcheviques**, liderados por Vladimir Lenin, un defensor de los principios marxistas que creía que el comunismo debía establecerse en Rusia.

813. **Los bolcheviques convirtieron los sóviets locales en milicias armadas voluntarias y tomaron el control del gobierno provisional en octubre**. Establecieron su propio gobierno: la República Socialista Federativa Soviética Rusa.

814. **Lenin contaba con el apoyo de León Trotski, considerado el segundo al mando durante la Revolución rusa.** Trotski fue asesinado en 1940 mientras se encontraba exiliado en México.

815. **Un lema bolchevique popular durante la revolución fue «Paz, tierra y pan».**

816. **Los bolcheviques firmaron un acuerdo de paz con los alemanes** en marzo de 1918, saliendo de la Primera Guerra Mundial.

817. **Aplicaron una serie de políticas destinadas a redistribuir la tierra y los recursos de los ricos a los pobres.**

818. **Los bolcheviques no estuvieron exentos de oposición.** Los rusos antisocialistas y conservadores se unieron contra ellos, formando **el Ejército Blanco e iniciando la guerra civil rusa.**

819. **La guerra civil rusa terminó en 1923 con la derrota de los blancos y el establecimiento de un régimen socialista en Rusia.**

820. Tras la victoria, **los bolcheviques se reorganizaron en el Partido Comunista** y continuaron impulsando su agenda.

821. **Los comunistas creían que tenían que extender el comunismo al resto del mundo** y comenzaron a invadir muchos estados vecinos, como Ucrania, Moldavia y Georgia, todos ellos ocupados por el Ejército Rojo en 1921.

822. **Rusia creó la Unión de Repúblicas Socialistas Soviéticas** (URSS) en diciembre de 1922.

823. **Se establecieron regímenes comunistas en los nuevos estados ocupados** y la URSS llegó a tener quince miembros.

824. **El Partido Comunista tomó el control de todos los aspectos de la sociedad tras la muerte de Lenin en 1924,** incluidas fábricas, granjas y escuelas. Creó un Estado de partido único en el que ejercía un poder absoluto sobre los ciudadanos.

825. **Tras la muerte de Lenin, un joven comunista llamado Joseph Stalin llegó al poder como jefe del Partido Comunista y de la URSS.** Aplicó varias políticas radicales como la colectivización de la agricultura, que provocó millones de muertes por inanición.

826. **Stalin llevó el régimen de partido único a un nuevo nivel.** Inició un reino del terror y encarceló y ejecutó a cientos de miles de personas sospechosas de ser enemigas del Estado.

827. **Los prisioneros eran obligados a trabajar en condiciones extremas en cientos de campos de trabajo secretos que estaban repartidos por toda la URSS.** Estas prisiones eran conocidas como gulags.

828. **Las nuevas fábricas de la Unión Soviética aumentaron enormemente la producción nacional,** aunque en su mayor parte se trataba de armas.

829. **Se implantó una estricta censura en todos los aspectos de la vida. Los periódicos, la música, el teatro y el arte** tenían que pasar por los canales estatales antes de ser difundidos al público.

830. **La URSS impulsó la expansión del comunismo en todo el mundo durante décadas,** financiando muchos movimientos de extrema izquierda en Europa y Asia.

El periodo de entreguerras
(1918-1939)

El periodo de entreguerras fue una época de transformación histórica en la que Estados Unidos se convirtió en la mayor potencia del mundo. La tecnología avanzó espectacularmente y la cultura popular floreció. Examine estos cambios con treinta datos interesantes.

831. **El periodo de entreguerras se refiere al tiempo entre la Primera y la Segunda Guerra Mundial.**

832. **Aunque este periodo solo duró dos décadas,** el mundo experimentó cambios tecnológicos, socioeconómicos y políticos espectaculares.

833. **Tras el final de la Primera Guerra Mundial, se establecieron regímenes democráticos en toda Europa** y los vencedores de la guerra esperaban que las monarquías conservadoras no volvieran nunca más al continente.

834. **Los años veinte fueron una época de recuperación para Europa y el resto del mundo**. Los nuevos estados-nación europeos seguían organizándose y tratando de encontrar su lugar en el nuevo orden político mundial.

835. **En su mayor parte, esta década fue pacífica, con la excepción de la expansión soviética** en el Cáucaso y el establecimiento de repúblicas soviéticas en Georgia, Armenia y Azerbaiyán.

836. **La tecnología mejoró espectacularmente durante esta época**. Los aviones se hicieron mucho más potentes y fueron más utilizados por los gobiernos de todo el mundo con fines militares o como transporte.

837. **La cultura popular floreció durante esta época. La música jazz se extendió por Europa y las películas de Hollywood se vieron en todo el mundo.**

838. **Surgieron movimientos artísticos como el surrealismo, el dadaísmo y la bauhaus, que desafiaban las nociones tradicionales de arte y cultura** y ampliaban los límites de la pintura, la escultura, la literatura y el diseño.

839. **Las emisiones de radio permitieron escuchar las noticias en cualquier lugar del mundo.**

840. **Durante el periodo de entreguerras, las mujeres obtuvieron más derechos**; algunos países incluso les concedieron el derecho al voto por primera vez en la historia.

841. **En esta época se fundó la Sociedad de las Naciones**, cuyo objetivo era promover la paz internacional y la cooperación entre las naciones.

842. **A pesar de sus nobles objetivos, la Sociedad de las Naciones no logró convertirse en una organización internacional fuerte** y respetada debido a la aparición de nuevos regímenes que desafiaban sus leyes.

843. **A finales de la década de 1920, Europa y el resto del mundo entraron en un periodo de gran declive económico llamado la Gran Depresión.** Comenzó en 1929 y duró hasta finales de la década de 1930. Fue una de las peores recesiones económicas jamás registradas y causó grandes trastornos sociales en todo el mundo.

844. **Todos los países europeos sufrieron los efectos de la Gran Depresión**, con una grave hiperinflación y elevadas tasas de desempleo, que provocaron inestabilidad política.

845. **En parte como respuesta a la crisis económica causada por la Gran Depresión,** los líderes nacionalistas de extrema derecha empezaron a ganar terreno en Europa.

846. **El primer movimiento destacado de extrema derecha fue el fascismo italiano.** Este movimiento fue liderado por un antiguo periodista convertido en político radical llamado Benito Mussolini, que se convirtió en primer ministro en 1922.

847. **Mussolini y sus seguidores abogaban por una Italia fuerte** y estaban dispuestos a utilizar la violencia contra los grupos a los que se oponían, como los liberales o los socialistas.

848. **Algo similar ocurrió en Alemania**, que pasó a llamarse República de Weimar.

849. **Alemania fue el país más afectado por la Gran Depresión**, por lo que el sentimiento público de venganza era muy fuerte.

850. **Adolf Hitler, inspirado por el éxito de Mussolini en Italia**, llegó al poder en 1933 y pronto se convirtió en dictador de Alemania.

851. **Su Partido Nacionalsocialista Obrero Alemán** (el Partido Nazi) celebraba la superioridad de la raza alemana y destacaba la importancia del rearme alemán y la gloria de la nación alemana.

852. Durante la década de 1930, **Hitler consiguió anexar territorios austriacos y checoslovacos**. Los líderes de los regímenes democráticos de Francia y Gran Bretaña permitieron a regañadientes la agresiva expansión alemana.

853. **Italia y Alemania formaron el Eje, difundiendo propaganda de extrema derecha, tomando todo el poder en sus países**, avasallando el estado de derecho e invirtiendo fuertemente en la militarización.

854. **El fascismo se convirtió en una ideología poderosa**, con sus defensores impulsando el control totalitario de todos los aspectos del estado e inspirando movimientos similares en todo el mundo.

855. **El fascismo condujo al estallido de la guerra civil española** (1936-1939) entre los partidarios de una república y los que deseaban una dictadura.

856. **La guerra civil española acabó con la victoria de los fascistas, que recibieron mucha ayuda de italianos y alemanes**. Francisco Franco se alzó como dictador de España.

857. **La Unión Soviética experimentó cambios radicales bajo el liderazgo de Joseph Stalin**, que impulsó reformas económicas y sociales.

858. **Las políticas de Stalin eran muy parecidas a las de sus colegas totalitarios de Italia y Alemania.** La mayoría de la población de la Unión Soviética luchaba por superar la pobreza y lograr unas condiciones de vida básicas.

859. **Durante este periodo se celebraron varias conferencias internacionales importantes, como la Conferencia Naval de Washington** (1921-1922), que pretendía limitar los niveles de armamento mundial. La Conferencia de Desarme de Ginebra (1932-1934), por su parte, pretendía reducir el gasto militar de los países.

860. **Aunque soviéticos y nazis afirmaban ser enemigos**, ambos acordaron un plan secreto para invadir juntos Polonia en agosto de 1939.

La Segunda Guerra Mundial
(1939-1945)

Desde la batalla de Inglaterra hasta el bombardeo de Hiroshima y Nagasaki, la Segunda Guerra Mundial fue uno de los conflictos más devastadores de la historia de la humanidad. En este capítulo, se exploran treinta datos interesantes sobre esta influyente guerra.

861. **La Segunda Guerra Mundial fue el conflicto más mortífero de la historia de la humanidad hasta la fecha,** con cerca de setenta y cinco millones de muertos en todo el mundo.

862. **Comenzó el 1 de septiembre de 1939, cuando la Alemania nazi invadió Polonia. Como respuesta, Francia y el Reino Unido declararon la guerra a Alemania.**

863. Las dos facciones principales de la guerra fueron **el Eje (Alemania, Italia y Japón) y los Aliados (Gran Bretaña, Francia, China, la URSS y Estados Unidos).**

864. **Alemania invadió y derrotó a Noruega y Dinamarca en 1940.** Los alemanes también lanzaron una invasión a Francia a través de Bélgica, los Países Bajos y Luxemburgo.

865. **Los nazis ocuparon París el 14 de junio de 1940, menos de un año después del inicio de la guerra.** Francia firmó un armisticio con Alemania y el país fue organizado en zonas de ocupación controladas por alemanes e italianos.

866. **Gran Bretaña, dirigida por el primer ministro Winston Churchill, organizó una asombrosa defensa del canal de la Mancha para impedir que los alemanes cruzaran e invadieran las islas.**

867. **La batalla de Inglaterra fue una importante batalla aérea entre la Luftwaffe alemana y la Real Fuerza Aérea británica en 1940 por el control del espacio aéreo del Reino Unido.** La mayoría de las principales ciudades británicas, incluida Londres, fueron bombardeadas sin piedad.

868. **Hitler preparó y lanzó la Operación Barbarroja,** que pretendía ser una ofensiva rápida contra la Unión Soviética en junio de 1941.

869. **El ejército soviético fue incapaz de responder eficazmente.** Los alemanes avanzaron mucho en los territorios soviéticos y se hicieron rápidamente con el control de Ucrania, Bielorrusia y el oeste de Rusia.

870. **Los soviéticos pudieron movilizarse a tiempo para defender Moscú y Leningrado** y los alemanes tuvieron que detener su invasión tras agotar sus recursos.

871. **Japón atacó Pearl Harbor el 7 de diciembre de 1941, con lo que Estados Unidos entró oficialmente en la Segunda Guerra Mundial del lado de los Aliados.**

872. **La batalla de Stalingrado (1942-1943) fue testigo de algunos de los combates más brutales de la Segunda Guerra Mundial.** Fue un punto de inflexión importante, ya que los nazis empezaron a retroceder en el frente oriental.

873. **A finales de 1943, la ofensiva alemana en la Unión Soviética se había detenido por completo.** Los alemanes organizaron una retirada táctica al año siguiente tras una renovada ofensiva soviética.

874. **El Día D** (6 de junio de 1944) **marcó el inicio de la victoria aliada en Europa,** con el desembarco de unos 160.000 soldados en cinco playas de Normandía, Francia, para luchar contra los nazis.

875. **Los Aliados no solo tuvieron éxito en Normandía, sino que también lanzaron una invasión a Italia desde el Mediterráneo** en 1943, tomando la mayor parte del sur de Italia.

876. **Los Aliados y los soviéticos se acercaron por el oeste y el este,** tomando Berlín en la primavera de 1945.

877. El 30 de abril de 1945, **Hitler se suicidó en su búnker antes de que las tropas aliadas pudieran encontrarlo.**

878. **Los japoneses se rindieron en el otoño de 1945 después de que EE. UU. lanzara dos bombas atómicas sobre Hiroshima y Nagasaki,** matando a cientos de miles de personas en un solo ataque.

879. **Científicos europeos, principalmente del Reino Unido, participaron en el Proyecto Manhattan,** que desarrolló la bomba atómica.

880. **Cuando los Aliados avanzaron hacia los territorios alemanes, desvelaron la terrible verdad que los nazis** habían estado ocultando al mundo exterior: el asesinato masivo, la deportación y el encarcelamiento de judíos y otras minorías.

881. Los nazis organizaron campos de trabajo forzado en los que perecieron millones de inocentes en uno de los acontecimientos más trágicos de la historia. Este acontecimiento se conoce como el Holocausto.

882. **El genocidio se justificó como parte de la «solución final»,** que pretendía establecer el dominio cultural y social de la raza aria a expensas de las razas inferiores.

883. **La tragedia del Holocausto se recuerda gracias a los relatos de quienes lo vivieron, como Ana Frank, que escribió su diario mientras se escondía de los nazis durante la Segunda Guerra Mundial.** Su diario se convirtió en un libro icónico de no ficción que enseña los horrores infligidos a personas inocentes a causa de la guerra y los prejuicios.

884. **Mujeres de todo el mundo asumieron funciones como enfermeras, pilotos** o trabajadoras en fábricas para sus respectivos países, ya que muchos hombres estaban lejos luchando.

885. **En la Segunda Guerra Mundial se produjeron importantes avances tecnológicos**, como los aviones a reacción, los radares, las computadoras y las armas atómicas, que cambiaron la guerra para siempre.

886. **Bletchley Park, una finca en Inglaterra, fue el lugar donde se llevó a cabo una operación secreta para descifrar códigos durante la Segunda Guerra Mundial.** El equipo de descifradores de códigos, entre los que se encontraba Alan Turing, desempeñó un papel crucial para descifrar los **códigos de la máquina alemana Enigma**.

887. **La capital de Polonia, Varsovia, fue completamente destruida durante la guerra.**

888. **Winston Churchill fue primer ministro del Reino Unido durante la Segunda Guerra Mundial.** Se le recuerda como uno de los mayores líderes de la historia. Ayudó a llevar a su país a la victoria contra la Alemania nazi gracias a sus inspiradores discursos y a su capacidad para planificar estrategias.

889. **Una vez finalizada la Segunda Guerra Mundial, la Organización de las Naciones Unidas (ONU) sustituyó a la Sociedad de las Naciones como organización mundial para el mantenimiento de la paz.** Su objetivo era evitar otra guerra a gran escala y establecer un nuevo orden mundial.

890. **Stalin ocupó la mayor parte de Europa oriental y estableció regímenes comunistas en países como Polonia, Rumania, Checoslovaquia y Alemania Oriental.**

La Guerra Fría
(1945-1991)

De 1945 a 1991, el mundo fue testigo de una intensa rivalidad entre dos superpotencias: Estados Unidos y la Unión Soviética. Conocido como la «Guerra Fría», este periodo se caracterizó por una carrera por la influencia política en Europa, Asia y África. En este capítulo, se exploran veinte datos interesantes sobre la Guerra Fría.

891. **La Guerra Fría fue una época de tensión entre Estados Unidos y la Unión Soviética** que duró desde 1945 hasta 1991.

892. **Ambos países querían ser los más poderosos y difundir sus ideologías por todo el mundo,** lo que llevó a una competencia por la influencia política en lugares como Europa, Asia y África.

893. **La guerra fría condujo a una enorme carrera armamentística en la que ambas potencias aumentaron sus arsenales militares** en un intento de establecer su superioridad.

894. **Durante este periodo, ambos bandos desarrollaron armas nucleares** como medida disuasoria contra un ataque, pero nunca las utilizaron en combate.

895. **En lugar de luchar directamente entre sí, libraron guerras indirectas, como en Vietnam o Corea,** en las que ambos bandos apoyaban a diferentes partes en un conflicto sin entrar ellos mismos en combate directo.

896. **A lo largo de la guerra fría, los estados de Europa del este estuvieron bajo una fuerte influencia soviética**. Los regímenes comunistas, títeres de la Unión Soviética, difundían propaganda antioccidental y limitaban las libertades de sus ciudadanos.

897. En marzo de 1946, **Winston Churchill dijo en un discurso que un telón de acero había descendido sobre Europa**, simbolizando la división entre los estados europeos democráticos y comunistas.

898. **Esta rivalidad condujo a la exploración espacial. Cada país competía por la superioridad en tecnología y ciencia.** Rusia lanzó el **Sputnik 1**, primer satélite artificial puesto en órbita.

899. De 1948 a 1949, **la Unión Soviética bloqueó Berlín Occidental, cortando todas las rutas terrestres y acuáticas a la ciudad.** En respuesta, Occidente organizó el Puente Aéreo de Berlín, una operación de transporte aéreo masivo para suministrar a Berlín Occidental alimentos, combustible y otros artículos de primera necesidad. El puente aéreo duró once meses.

900. **La guerra fría fue testigo del enorme crecimiento de organizaciones internacionales como la OTAN y las Naciones Unidas,** que se crearon para evitar futuras guerras.

901. **Durante esta época se firmaron importantes documentos, como los Acuerdos de Helsinki,** en los que se establecieron acuerdos sobre la forma en que los distintos países debían relacionarse política y económicamente, respetando al mismo tiempo los derechos humanos.

902. **Las democracias europeas iniciaron su proceso de integración económica y política en la década de 1950, durante la guerra fría,** en un esfuerzo por evitar que estallara otro conflicto en Europa.

903. **Muchas personas escaparon del régimen comunista a través de la deserción o la emigración,** buscando refugio en países como Estados Unidos y Canadá.

904. **La guerra fría desescaló en 1989, cuando se derribó el muro de Berlín** (división física entre Alemania Oriental y Occidental).

905. **En última instancia, la guerra fría terminó con la victoria de la democracia y el libre mercado,** ya que los regímenes comunistas de Europa se derrumbaron en la década de 1990.

La descolonización
(1945-década de 1960)

Este capítulo explora el importante periodo de descolonización que tuvo lugar entre 1945 y la década de 1960. Estos quince hechos incluyen algunos de los países que lograron la independencia y los cambios que tuvieron lugar.

906. **La descolonización es el proceso por el cual los países se independizan y dejan de ser colonias de otras naciones**, normalmente más grandes y poderosas.

907. **El inicio de la descolonización comenzó en 1945, al final de la Segunda Guerra Mundial,** cuando muchas naciones europeas renunciaron a sus colonias como consecuencia de la pérdida de poder y dinero durante la guerra.

908. **En 1947, India se convirtió en una nación independiente tras siglos bajo dominio británico.**

909. **Muchas naciones africanas obtuvieron la independencia entre mediados de la década de 1950 y 1975,** siendo Ghana el primer país subsahariano en lograrlo, en 1957.

910. **La descolonización también se produjo en Oceanía, con Papúa Nueva Guinea independizándose de Australia en 1975** y **Samoa** de **Nueva Zelanda** solo un año después.

911. **Durante la descolonización, muchos países tuvieron que luchar por su libertad,** mientras que otros la obtuvieron mediante negociaciones y acuerdos pacíficos con las antiguas potencias coloniales.

912. **Un ejemplo especialmente violento de descolonización en África fue el de Argelia**, que libró una brutal guerra contra los **franceses** entre 1954 y 1962, que provocó la muerte y el desplazamiento de millones de personas.

913. **El proceso de descolonización estuvo a menudo acompañado de guerras civiles**, ya que los grupos de las naciones recién independizadas luchaban por el poder o las ideologías.

914. **Las Naciones Unidas desempeñaron un papel importante al facilitar** la diplomacia, brindar ayuda económica y liderar los procesos de paz en **estas nuevas naciones**.

915. En algunos casos, las antiguas colonias eran tan inestables desde el punto de vista financiero que tenían que depender de potencias extranjeras para sobrevivir, lo que dio lugar a lo que se conoce como «neocolonialismo», que es cuando un país parece independiente, pero sigue teniendo fuertes lazos económicos con su colonizador.

916. La descolonización provocó desplazamientos de población, ya que muchas personas abandonaron las naciones recién formadas debido a la inestabilidad política o a la falta de recursos y oportunidades de empleo.

917. La descolonización fomentó la idea de que todas las personas debían ser tratadas por igual, independientemente de su raza o religión, allanando el camino para los **movimientos de derechos civiles**.

918. La descolonización de las naciones condujo a un aumento del comercio internacional, ya que los nuevos estados independientes empezaron a establecer vínculos con naciones extranjeras que anteriormente estaban bajo dominio colonial.

919. Como parte de este proceso se desarrollaron iniciativas educativas que permitieron a los ciudadanos de las antiguas colonias acceder por primera vez a la educación superior.

920. Durante este periodo, se produjeron cambios significativos en la cultura. Por ejemplo, los países recién formados declararon como lengua oficial lenguas distintas a las de sus colonizadores.

La primavera de Praga
(1968)

La primavera de Praga de 1968 fue un periodo de protestas masivas en Checoslovaquia. En este capítulo, se exploran quince hechos sobre este acontecimiento fundamental de la historia.

921. **La primavera de Praga fue un periodo de liberalización y reforma política en Checoslovaquia** (actualmente República Checa y Eslovaquia) que duró entre enero y agosto de 1968.

922. **Comenzó con las reformas dirigidas por Alexander Dubcek**, líder del Partido Comunista.

923. **Estas reformas incluían más libertad para los ciudadanos** mediante reformas como la relajación de las leyes de censura, la disminución de restricciones para viajar al extranjero y el aumento de libertades económicas.

924. **Miles de personas se reunieron en la plaza de Wenceslao de Praga** (la capital) para mostrar su apoyo a los esfuerzos de Dubcek y exigir reformas al gobierno.

925. **Esto fue visto como una amenaza por la URSS. Moscú** veía al gobierno checoslovaco como su marioneta y no quería reformas liberales.

926. En abril de 1968, **cinco estados comunistas (Bulgaria, Hungría, Polonia, Alemania Oriental y la Unión Soviética) enviaron tropas a Checoslovaquia** para poner fin a lo que consideraban una peligrosa evolución hacia la democracia.

927. **Según algunos informes, alrededor de 650.000 tropas entraron en Checoslovaquia** en respuesta a la multitud congregada en abril de 1968.

928. El 21 de agosto de 1968, **Dubcek anunció un acuerdo que permitía algunas reformas limitadas, pero prohibía la liberalización del régimen.**

929. **Este acuerdo fue conocido como la primavera de Praga**, porque puso fin al periodo de reformas y devolvió el férreo control comunista.

930. En 1969, **Dubcek fue destituido y sustituido por un líder comunista de línea dura que restringió algunas de las reformas, poniendo fin a la primavera de Praga.**

931. **Tras la invasión, las autoridades checoslovacas impulsaron una política de normalización,** que significaba volver al *statu quo* anterior a las protestas.

932. **La primavera de Praga sirvió como inspiración a otros países orientales** y algunas de sus reformas fueron adoptadas por Hungría y Polonia.

933. **En 1989, la Revolución de Terciopelo derrocó pacíficamente al gobierno que había estado en el poder desde 1948,** restaurando definitivamente la democracia en Checoslovaquia.

934. Hasta el día de hoy, **la primavera de Praga sigue siendo un importante momento de libertad y esperanza** para quienes luchan contra regímenes opresores.

935. **Se convirtió en fuente de inspiración para muchos autores checos destacados, como Milan Kundera y Vaclav Havel**, que surgieron como voces influyentes contra la opresión comunista.

La caída del muro de Berlín
(1989)

En este capítulo se explora la extraordinaria historia de la caída del muro de Berlín, en 1989. Descubra veinte hechos increíbles sobre la historia del muro de Berlín y por qué fue finalmente destruido.

936. **El muro de Berlín era una barrera física entre Alemania Oriental y Occidental, construida en 1961 para separarlas durante la guerra fría.**

937. Tras el final de la Segunda Guerra Mundial, **Berlín había sido dividida por los Aliados y la Unión Soviética** en Berlín Occidental, democrático, y Berlín Oriental, comunista.

938. **Los berlineses del Este cruzaban regularmente a Berlín Oeste**, donde la vida era mucho más próspera y libre.

939. **Alemania Oriental difundió la idea de que el régimen capitalista democrático era inferior al comunismo.**

940. Después de 1961, **no estaba permitido cruzar a Berlín Occidental sin un permiso oficial**. Los guardias de Alemania Oriental recibieron instrucciones de disparar a cualquiera que intentara cruzar.

941. **Mucha gente siguió intentando cruzar al oeste**, en parte para escapar del régimen comunista y en parte para introducir mercancías de contrabando en el este.

942. **Al menos 140 personas murieron intentando cruzar el muro de Berlín entre 1961 y 1989.** Es posible que la cifra sea mucho mayor.

943. **Los alemanes del este cavaron túneles bajo el muro, se escondieron en vehículos o se disfrazaron de guardias fronterizos para pasar el muro.** Algunos incluso utilizaron globos aerostáticos o tirolesas para cruzar la frontera.

944. **El muro de Berlín permaneció en pie durante veintiocho años.**

945. El 9 de noviembre de 1989, **el gobierno de Alemania Oriental anunció inesperadamente que los ciudadanos podían viajar libremente a occidente**. Multitudes de berlineses orientales se congregaron ante el muro de Berlín y los guardias fronterizos abrieron los puestos de control.

946. **Al difundirse la noticia de la apertura del muro de Berlín, comenzaron a congregarse multitudes a ambos lados,** armadas con martillos, cinceles y otras herramientas para romper la barrera de hormigón. La gente se subió al muro, cantando, bailando y celebrando el fin de la división y la reunificación de Alemania.

947. El 22 de diciembre de 1989, **el canciller de Alemania Occidental, Helmut Kohl, y el primer ministro de Alemania Oriental, Hans Modrow, firmaron un acuerdo** para iniciar el desmantelamiento del muro.

948. **La Puerta de Brandeburgo adquirió renombre como representación de la liberación una vez reunificada Alemania**; este hito histórico había estado restringido al acceso público por las tropas de Alemania Oriental desde 1961.

949. **En junio de 1990, tras meses de negociaciones entre Alemania Oriental y Occidental,** Alemania se reunificó oficialmente en una sola nación.

950. **La reunificación se conmemora el 3 de octubre de cada año,** con celebraciones en toda Alemania, incluyendo fuegos artificiales sobre el antiguo muro de Berlín en la *Potsdamer Platz*.

951. **Algunas partes del muro de Berlín siguen en pie hoy en día,** como monumento conmemorativo y popular destino turístico.

952. **Los grafitis pintados a ambos lados por los manifestantes se han convertido en parte de la experiencia del museo al aire libre.**

953. **En 1963, el presidente estadounidense John F. Kennedy visitó Berlín Occidental y pronunció su famoso discurso «*Ich bin ein Berliner*»,** en el que se refirió a la injusticia vivida por los habitantes de Berlín y criticó a la URSS y a sus satélites comunistas por erigir una barrera física en la ciudad.

954. **En el trigésimo aniversario de la caída, se erigió una instalación luminosa en el antiguo emplazamiento del muro de Berlín para conmemorar su historia.**

955. **Aunque la reunificación de Alemania fue en gran medida pacífica**, ambas partes tardaron mucho tiempo en adaptarse económica y políticamente.

Las guerras yugoslavas
(1991-2001)

Explore los devastadores conflictos de las guerras yugoslavas. En este capítulo, se exploran quince datos interesantes sobre este tumultuoso periodo de la historia, incluyendo cuántas personas perdieron la vida y cuántas se vieron obligadas a huir.

956. **Las guerras yugoslavas fueron una serie de guerras que ocurrieron entre 1991 y 2001 en la zona conocida como Yugoslavia**, que ahora está formada por varios países, como Croacia, Serbia y Bosnia Herzegovina, entre otros.

957. **Los grupos étnicos que formaban el estado de Yugoslavia declararon su independencia en 1991** y sus movimientos revolucionarios se convirtieron en conflictos totales.

958. **Las guerras se debieron principalmente a razones políticas estimuladas por conflictos étnicos históricos** entre los diferentes pueblos que vivían en la región y que tenían sus propias lenguas y religiones.

959. **Entre 140.000 y 250.000 personas murieron durante las guerras** a causa de los combates o por causas relacionadas como el hambre y las enfermedades.

960. **Millones de personas se vieron obligadas a abandonar sus hogares** debido a la violencia o al temor por su seguridad.

961. **La guerra entre Serbia y Croacia, que duró de 1991 a 1995,** fue especialmente mortífera y causó hasta treinta mil víctimas.

962. **Bosnia Herzegovina sufrió una terrible guerra civil** que tuvo lugar entre 1992 y 1995.

963. **La OTAN** (Organización del Tratado del Atlántico Norte) **se involucró impulsando ataques aéreos contra las fuerzas serbias** y aportando tropas de tierra para misiones de mantenimiento de la paz durante las guerras.

964. **El Tribunal Penal Internacional para la ex Yugoslavia (TPIY) se creó en 1993** para hacer justicia a quienes cometieron graves violaciones del derecho internacional humanitario durante estas guerras.

965. **Para ayudar a las personas afectadas por el conflicto, varias agencias de la ONU y ONG** (organizaciones no gubernamentales) **proporcionaron atención médica, ayuda alimentaria y otras formas de asistencia**.

966. **Las guerras tuvieron un enorme impacto en la economía de Yugoslavia**, que perdió más de 100.000 millones de dólares durante este periodo.

967. **Muchos monumentos culturales fueron destruidos o dañados durante las guerras yugoslavas. Entre ellos, la ciudad de Dubrovnik**, que sufrió graves daños durante el asedio del Ejército Popular Yugoslavo, entre octubre de 1991 y mayo de 1992.

968. El uso de la propaganda era habitual. **Los periódicos se utilizaban para difundir información falsa sobre los grupos opuestos** y los líderes trataron de influir en la opinión pública a través de discursos o entrevistas concedidas a los medios de comunicación.

969. **Algunos países de Europa cerraron sus fronteras, mientras que otros**, como Suecia, ofrecieron asilo a quienes huían de las zonas de guerra.

670. **Las guerras yugoslavas fueron el conflicto más sangriento en Europa desde el final de la Segunda Guerra Mundial, en 1945**, y estuvieron marcadas por numerosos crímenes de guerra y contra la humanidad, lo que le valió su infame reputación.

La Unión Europea
(1951-actualidad)

Durante décadas, la Unión Europea ha sido una fuerza impulsora de la paz y el progreso en Europa. Desde su fundación, ha crecido hasta convertirse en una de las mayores economías actuales. Este capítulo explora treinta y cinco hechos fascinantes sobre la UE.

971. **La Unión Europea es una unión política y económica multinacional de estados europeos**, surgida a lo largo de la segunda mitad del siglo XX.

972. **Bélgica, Francia, Italia, Luxemburgo, Países Bajos y Alemania Occidental fueron los seis países originales que iniciaron el proceso de integración europea** con la creación de la Comunidad Europea del Carbón y del Acero, en 1951.

973. **En las décadas siguientes, estos países decidieron ampliar sus lazos económicos y políticos,** creando más instituciones compartidas que beneficiaron la práctica del Estado de derecho y el desarrollo de democracias.

974. **Los países europeos decidieron entonces unirse en una gran entidad política supranacional para perseguir los mismos objetivos**. Adoptaron el nombre de «Unión Europea» en la década de 1990.

975. **La organización se expandió lentamente y el Reino Unido, Irlanda y Dinamarca se unieron en 1973 a la Comunidad Económica Europea (CEE),** organización que se transformó en la Unión Europea en la década de 1990.

976. **El número de Estados miembros ascendió a quince antes de finales del siglo XX.**

977. En la actualidad, **la UE está compuesta por veintisiete estados miembros.** Es probable que el número de estados-nación siga aumentando en los próximos años.

978. **Cada país miembro tiene su propio gobierno,** pero trabajan juntos para tomar decisiones que beneficien a todos los miembros.

979. **El inglés, el francés y el alemán son los idiomas más utilizados en las reuniones de la UE**, aunque también se utilizan otras lenguas, dependiendo del país que las acoja.

980. **La sede de la UE está en Bruselas, Bélgica.** Allí se encuentran la mayoría de los edificios y oficinas, incluido el edificio del Parlamento, en el barrio europeo de Bruselas.

981. Desde su creación, **la UE ha desarrollado un sistema de libre circulación de bienes, servicios, mano de obra y capitales.**

982. **Viajar y hacer negocios entre los Estados miembros de la UE es muy fácil**, aunque existen algunas restricciones.

983. **La UE tiene un mercado común y la mayoría de sus países miembros utilizan la misma moneda, el euro**, que se introdujo a principios del siglo XXI.

984. En 2004, **diez nuevos países ingresaron a la UE: República Checa, Estonia, Hungría, Letonia, Lituania, Malta, Polonia, Chipre, Eslovenia y Eslovaquia.**

985. **Bulgaria y Rumania ingresaron en la UE en 2007.**

986. **En 2009, Croacia se convirtió en el vigésimo octavo país en adherirse a la UE**, abriendo nuevas oportunidades para el comercio entre sus economías vecinas.

987. **En 2016, los ciudadanos británicos votaron un referéndum a favor de abandonar la Unión Europea.** Esta decisión fue bautizada como «**Brexit**».

988. **La UE interviene en casi todos los aspectos de la vida en Europa**, como el comercio, los viajes, el turismo, el medio ambiente y la justicia.

989. **Ayuda a proteger los derechos de las personas, como la libertad de expresión y el derecho a la intimidad,** introduciendo leyes y políticas que se aplican a todos los estados miembros.

990. **La UE no interfiere en las decisiones nacionales que toman sus Estados miembros, sino** que dicta la dirección general de la política interior y exterior y facilita a las relaciones económicas.

991. **La Unión Europea proporciona ayuda financiera a los estados miembros que tienen dificultades económicas** o necesitan ayuda para proyectos de desarrollo como la construcción de carreteras o escuelas.

992. **Este dinero procede de los impuestos pagados por los ciudadanos de cada país**, que luego se redistribuyen entre los demás miembros cuando es necesario.

993. **Desde 1985, el 9 de mayo** de cada año **se celebra oficialmente el «Día de Europa».** Esta fecha se eligió porque marca el aniversario de cuando Robert Schuman, un político francés, propuso la idea de una Europa unida en 1950.

994. **La UE participa en muchos asuntos exteriores y mantiene relaciones internacionales con otros países del mundo, como China y Estados Unidos.** La UE ayuda a negociar acuerdos de paz entre estados en conflicto y proporciona ayuda cuando es necesario.

995. **También tiene su propio himno, llamado «*Himno a la Alegría*», de Ludwig van Beethoven,** que fue adoptado por los estados miembros en 1985.

996. **Cada cinco años se celebran elecciones nacionales para elegir a los diputados al Parlamento Europeo** (PE). Los eurodiputados representan a cada país dentro de la UE en asuntos que afectan a todos, como el cambio climático o la reforma de la política de seguridad.

997. **La UE es una de las mayores economías del mundo, con un PIB** (producto interno bruto) **de más de 20 billones de dólares en 2019.**

998. **Tiene su propio tribunal de justicia, llamado Tribunal de Justicia de la Unión Europea**, que se ocupa de las disputas legales entre los estados miembros o los individuos dentro de Europa.

999. **El espacio Schengen es una zona de países europeos que han suprimido los pasaportes y otros tipos de control fronterizo en sus fronteras mutuas.** El Acuerdo de Schengen, firmado en 1985, se ha incorporado a la legislación de la UE.

1000. **La UE se ha enfrentado a numerosos retos nacionales e internacionales, como la crisis migratoria de la década de 2010,** cuando tuvo que hacer frente a la afluencia de un número excepcionalmente elevado de inmigrantes procedentes de **Oriente Próximo**.

Conclusión

Este libro exploró la historia de Europa desde el Paleolítico Superior hasta nuestros días. Es asombroso pensar en los grandes saltos que ha dado la civilización europea en los últimos cuarenta mil años.

Se analizó la transición de las sociedades de cazadores-recolectores a las primeras **civilizaciones del Mediterráneo,** la aparición de los imperios y el desarrollo de complejos sistemas políticos, económicos y sociales. Se examinó cómo **la Revolución Industrial y las dos Guerras Mundiales remodelaron Europa y cómo la Guerra Fría dividió el continente durante décadas.** También se vio la formación de **la Unión Europea** y el impacto que tiene en **la política, la economía y la cultura europea**. Por último, se trataron acontecimientos más recientes, como **las guerras de Yugoslavia** y la creación de la UE.

Este libro proporciona una visión general de muchos de los acontecimientos más importantes de la historia europea y muestra cómo estos momentos configuraron el continente tal y como lo conocemos hoy en día. Está claro que **la historia europea es un relato complejo, fascinante y en constante evolución**, y solo se puede esperar que el futuro de Europa depare muchas más historias apasionantes por contar.

Segunda Parte: Relatos de la historia de Europa

Cincuenta relatos verídicos y fascinantes de grandes acontecimientos y personajes de la historia de Europa

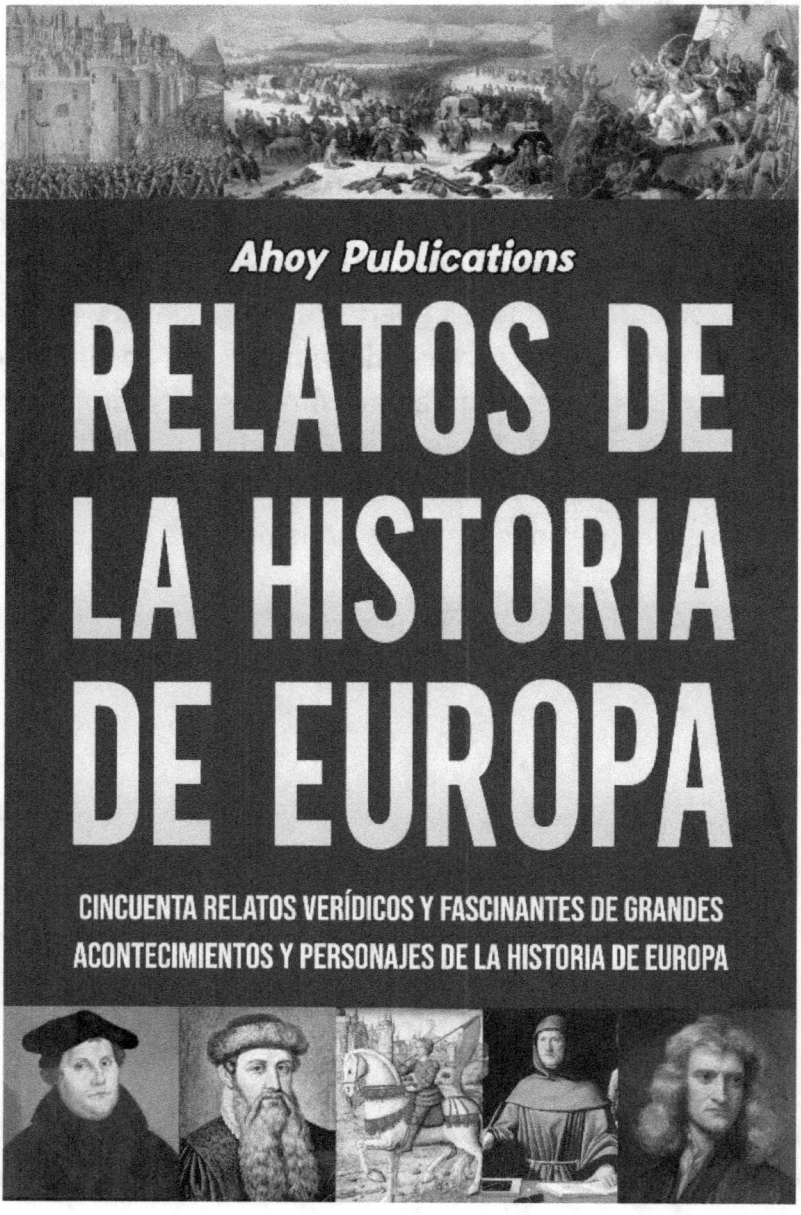

Introducción

Leyendo este libro se embarcará en un viaje a través de la historia. Encontrará relatos cautivadores llenos de triunfos, retos y tribulaciones. Este libro explora momentos clave de la historia que han dado forma al mundo moderno mediante narraciones exhaustivas y esclarecedoras que tienden puentes entre el pasado, el presente y el futuro. Lo que distingue a este libro es que ofrece una amplia visión de la historia europea, abarcando diferentes periodos.

Desde el nacimiento de la democracia en el ágora de Atenas hasta el Holocausto, este libro se adentra en momentos históricos transformadores, esclarecedores, inspiradores y devastadores. Se recorre el auge y la caída de los imperios en Europa, la aparición y propagación de las religiones, el estallido de las revoluciones y las hazañas de gobernantes y exploradores. En cada capítulo se desarrollan las historias de personajes destacados y acontecimientos históricos, junto con los profundos efectos y consecuencias de sus actos.

El viaje comienza en la cuna de la democracia: la antigua Grecia. Ilustra la estructura de las ciudades-estado y se adentra en las reformas sociales que dieron lugar a la democracia. El libro aborda los pros y los contras de este sistema político y explica el papel de los ciudadanos, junto con otros componentes políticos, en el perdurable legado de la democracia ateniense.

A continuación, el libro se adentra en los primeros años de la vida de Julio César, su ascenso al poder y sus notables logros, hasta llegar a su asesinato y su perdurable influencia en el Imperio romano y más allá. A continuación, habla de cómo se extendió el cristianismo en Europa, sigue el rastro de las primeras comunidades cristianas y se sumerge en el mundo de los viajes misioneros y los retos que surgieron en ellos.

Se adentra en el mundo de los nórdicos y los vikingos, sus motivaciones y sus extraordinarios viajes, haciendo énfasis en la gran influencia que tuvieron para Europa. El camino de este libro da un giro desgarrador cuando narra la peste negra, sus orígenes, cómo se propagó y sus consecuencias, que alteraron la vida de toda Europa.

Afortunadamente, el libro adquiere un tono más optimista a medida que se acerca al Renacimiento y a la influencia de las familias prominentes en la cultura, la política y la economía de la época. Se adentra en la era de las exploraciones y descubre los relatos de exploradores como Colón, da Gama y Magallanes en su navegación por nuevos horizontes, que condujo al surgimiento de imperios coloniales.

Se adentra en el Siglo de las Luces y da a conocer las interesantes ideas filosóficas de Voltaire, Rousseau y Kant y su influencia en notables revoluciones. A continuación, descubre el extraordinario viaje de Napoleón Bonaparte desde la oscuridad hasta el poder absoluto y explora sus éxitos militares y el impacto duradero que sus esfuerzos tuvieron en Europa. Por último, se topa con el angustioso legado de Hitler, hablando sobre su ascenso al poder, su gobierno y las calamidades que infligió.

Capítulo 1: Relatos de la antigua Grecia

Este capítulo explora el rico tapiz de la vida social, política y filosófica de la antigua Grecia, que condujo al nacimiento de la democracia. Profundiza en la estructura de la ciudad-estado, desvelando sus hitos y su singular gobernanza y centrándose en Atenas como faro de las primeras prácticas democráticas. Al leer este capítulo se comprende cómo surgió la democracia y se conocen las reformas sociales que la hicieron posible. Conocerá los beneficios e inconvenientes de la democracia ateniense y cómo afectó a los individuos y a la sociedad en general. Conocerá las funciones de los ciudadanos, la asamblea y el Consejo de los Quinientos, y cómo sus decisiones guiaban la vida ateniense. Por último, el capítulo descubre cómo el legado de la democracia ateniense es significativo para los principios democráticos modernos.

1. La estructura de la ciudad-estado

La antigua Grecia estaba formada por numerosas ciudades-estado, conocidas como polis, en las que se establecía la estructura de la comunidad. Cada polis tenía un centro urbano, protegido por murallas y rodeado de terrenos rurales. Aunque todas pertenecían a la misma nación, cada ciudad-estado tenía sus propias leyes de gobierno. Todos los centros urbanos tenían edificios gubernamentales y templos, generalmente construidos sobre una colina conocida como acrópolis. El Partenón ateniense, construido en honor de Atenea, la diosa de la sabiduría, es un ejemplo de acrópolis. Las ciudades eran ricas en cultura y actividades políticas y servían como centro de comercio e intercambio, por lo que alojaban a la mayoría de la población.

La antigua Grecia estaba formada por numerosas ciudades-estado[1]

Aunque había más de 1000 ciudades-estado en la antigua Grecia, las diez principales eran Atenas, Esparta, Tebas, Egina, Corinto, Siracusa, Eretria, Rodas, Argos y Elis. El estilo de gobierno, la filosofía y el modo de vida de cada polis eran únicos. Por ejemplo, los atenienses eran conocidos por su amor al arte y al conocimiento, mientras que Esparta se caracterizaba por su fuerte ejército y gobierno. La geografía y las características físicas de Grecia fueron una de las razones por las que se desarrolló esta comunidad y esta estructura política. Las montañas y el terreno rocoso hicieron que se formaran comunidades separadas e independientes. El mar era un medio de comunicación relativamente más fácil que la tierra. Además, los aristócratas creían que era más fácil detectar y eliminar a los tiranos si mantenían ciudades-estado independientes en lugar de una monarquía central.

2. Cleístenes: el padre de la democracia ateniense

La palabra *democracia* deriva del término *demokratia*, que se refiere a un sistema político influenciado por el público en general. La primera mitad del término proviene de la palabra *demos*, que se traduce como pueblo. La otra mitad deriva de *kratos*, que significa poder. Cleístenes desarrolló este sistema de reforma política en el año 507 a. C. y esta fue la primera democracia del mundo.

Cleístenes, padre de la democracia ateniense[2]

La *demokratia* tenía tres componentes: la *ekklesia*, la *boulé* y la *dikasteria*. La *ekklesia* era un órgano soberano del gobierno que redactaba las leyes y definía la política exterior. También tenía el poder de practicar el ostracismo, que era el acto de expulsar a alguien de Atenas durante una década. La *boulé* era un consejo formado por representantes de las diez tribus de Atenas. La *dikasteria* se refería a los tribunales a donde los ciudadanos llevaban sus argumentos y presentaban sus casos ante los jueces. Milenios después, esta política sigue marcando la vida de millones de personas en todo el mundo.

Uno de los mayores logros de Cleístenes, el padre de la democracia, fue que los aristócratas atenienses dejaron de tener poder autónomo sobre las decisiones políticas.

También eliminó la distinción entre ellos y las clases trabajadoras bajas y medias que formaban parte del ejército y la marina.

Según Heródoto, la innovación de Cleístenes hizo que todas las personas fueran iguales ante la ley. Sin embargo, esta igualdad no se aplicaba a toda la población de la antigua Atenas, ya que solo los hombres mayores de 18 años podían participar en los procedimientos democráticos. En el siglo IV había en Atenas unos 250.000 ciudadanos, de los cuales solo 40.000 eran hombres mayores de 18 años.

3. El ágora: El corazón de la vida y la política ateniense

El ágora se encontraba en el bullicioso centro de la antigua Atenas. Este mercado captaba la esencia de la vida y la política de la antigua Grecia. El ágora, considerada el corazón de la ciudad-estado, era el lugar donde se producían los intercambios y los procedimientos comerciales y surgían la cultura y la democracia.

El ágora, un espacio abierto y concurrido situado en la base de la acrópolis, era el centro físico que reunía a la población ateniense. Acogía un amplio abanico de actividades, entre ellas numerosas reuniones políticas, interacciones sociales y rituales religiosos. Al ágora llegaban mercaderes de todo el Mediterráneo para comerciar con todo tipo de mercancías, desde tejidos y cerámica hasta metales preciosos y especias. Este mercado era crucial para la vida económica de Atenas y constituía uno de los principales flujos de capital griego. Aunque la mayoría de las antiguas ciudades-estado griegas contaban con un ágora, ninguna era tan famosa o grande como la de Atenas.

El ágora ateniense influyó directa e indirectamente en los procedimientos del comercio moderno. Los mercados actuales, ya sean en línea o físicos, siguen reflejando los principios básicos del intercambio y el comercio que se llevaba a cabo en el ágora. Este antiguo mercado ofrece valiosas perspectivas e información sobre el desarrollo y la evolución de las primeras economías, prácticas comerciales y vida cívica. Esto influyó en la forma de abordar las cuestiones económicas y políticas actuales, permitiendo a las entidades responsables tomar decisiones con conocimiento de causa.

El ágora no solo era un mercado y un centro político, sino también cultural e intelectual. Allí se encuentra la Estoa de Átalo, reconstruida en el siglo XX. Esta columnata albergaba numerosas escuelas de filosofía y era el lugar donde se celebraban debates y discusiones filosóficas. El ágora estaba adornada con esculturas, cerámicas y otras increíbles obras de arte. Los artesanos también exponían y comerciaban allí con sus obras maestras. Poetas y eruditos se reunían junto a los artistas, creando un ambiente de intercambio cultural, belleza y creatividad en el mercado.

El ágora también estaba asociada a la vida y las prácticas religiosas, ya que tenía varios templos y altares dedicados a numerosas deidades. El Hefestión, un templo que honra al dios Hefesto, sigue en pie hoy en día. Los rituales religiosos, las celebraciones, los sacrificios y los festivales eran aspectos esenciales de las tradiciones y la identidad atenienses que solían tener lugar en el ágora.

Además de todas estas funciones, el ágora era un lugar donde la gente se reunía amistosamente todos los días. El mercado ofrecía diversas opciones de comida y bebida y los civiles acudían allí para pasar el rato, entablar discusiones y compartir noticias. El ágora es un crisol que demuestra que el arte, las interacciones sociales, la política, la religión y el comercio pueden coexistir y prosperar juntos.

4. El *pnyx*: el centro de la democracia

Los miembros del jurado se reunían a menudo en el ágora para debatir asuntos eminentes, compartir sus opiniones y preocupaciones, o simplemente estrechar lazos. Este centro social contaba con una gran área de reunión, el *pnyx*, que hacía del ágora un centro de vida y política. Los miembros de la asamblea ateniense se reunían en el *pnyx* para debatir y votar cuestiones sociales y jurídicas. El ágora ateniense tiene una importancia histórica especial por ser la cuna de la democracia.

Los pros y los contras de la antigua democracia ateniense

Ventajas del nuevo sistema político

• **Aumentaba la participación política**

La antigua democracia ateniense permitía a los ciudadanos participar activamente en el proceso político. Los ciudadanos a los que se les permitía tomar parte en estos procedimientos podían compartir sus opiniones, votar, participar en el proceso de toma de decisiones y proponer legislación. Aunque no participaba toda la población, los ciudadanos se sentían comprometidos y tenían voz y voto en las políticas y leyes que determinaban sus vidas. Esto fomentaba un sentido de responsabilidad y control sobre su bienestar y el del Estado.

• **Era más inclusivo**

Aunque el nuevo sistema democrático no se aplicaba a una gran parte de la población, las reformas de Cleístenes fomentaban la inclusión porque iban más allá de la aristocracia tradicional. Las personas que no eran nobles de nacimiento ahora podían tomar decisiones, reduciendo la concentración de poder entre los nobles. Esto mejoró la cohesión social y contribuyó al éxito de la polis.

• **Ofrecía cierto grado de protección jurídica**

El nuevo sistema democrático ofrecía protección jurídica a los ciudadanos, ya que les permitía buscar reparación a las injusticias y desacuerdos mediante juicios justos y abiertos. A todos los que creían haber sido víctimas de violaciones se les ofrecían recursos legales, lo que mejoraba el sistema de justicia en general y la moral de la sociedad.

Desventajas del nuevo sistema político

• Ofrecía una participación pública limitada

Aunque el sistema político era más inclusivo y fomentaba la participación política más que los anteriores sistemas aristocráticos, seguía siendo muy limitado. Las reformas solo incluían a los hombres que cumplían ciertos criterios, como tener linaje ateniense o servir en el ejército. Las mujeres, los esclavos y los no atenienses quedaban excluidos del sistema político. Aunque la innovación de Cleístenes dio más voz al público, la mayoría de los miembros de la sociedad no podían compartir sus opiniones ni defender sus necesidades. Esto creó más desigualdades y grupos marginados dentro de la sociedad ateniense.

• Favorecía la demagogia

Dado que los ciudadanos votaban directamente sobre cuestiones importantes, siempre existía la posibilidad de que los demagogos manipularan la opinión pública en beneficio propio. También podían impulsar políticas que priorizaban su beneficio personal sobre el interés a largo plazo de la ciudad-estado. La democracia ateniense era directa, por lo que era más vulnerable a la demagogia, lo que suscitaba dudas sobre la sensatez y estabilidad de este sistema político.

• Requería mucho tiempo y recursos

Participar en el sistema político democrático exigía mucho tiempo y recursos. Los ciudadanos que deseaban votar y participar en la toma de decisiones tenían que formar parte de jurados y asistir a asambleas, lo que suponía una carga para sus obligaciones laborales y familiares. Los que intentaban encontrar un equilibrio entre compromisos personales y políticos tenían una participación limitada en el proceso democrático, y los que no podían dedicar el tiempo y los recursos necesarios quedaban excluidos.

El papel de la ciudadanía, la asamblea y el Consejo de los Quinientos

La ciudadanía, la asamblea y el Consejo de los Quinientos desempeñaban papeles clave en el antiguo sistema democrático ateniense. Sus aportes a la toma de decisiones guiaban todos los aspectos de la vida ateniense, desde los asuntos administrativos cotidianos hasta las leyes y políticas que cambiaban la vida de toda la población.

La ciudadanía

Solo los varones mayores de 18 años, libres y nacidos de padres atenienses obtenían la ciudadanía ateniense tras dos años de servicio militar. Los que procedían de otras ciudades-estado eran tratados como extranjeros, y todas las mujeres y esclavos quedaban excluidos de la ciudadanía. A los ciudadanos se les concedían derechos y responsabilidades en el sistema democrático y podían votar en la legislación, participar en la asamblea y ocupar cargos públicos.

Sin embargo, para alcanzar y mantener estos derechos, debían cumplir ciertos deberes cívicos, como dedicar el tiempo y los recursos necesarios para asistir a la asamblea cuando fuera necesario y servir en el ejército. La primera forma de democracia se caracterizaba por su naturaleza directa, en la que los ciudadanos participaban directamente en la toma de decisiones. Podían plantear asuntos importantes y proponer, votar y debatir leyes y políticas que afectaban a la ciudad-estado y a otros miembros de la sociedad.

5. La asamblea de Atenas: la voz del pueblo

La asamblea, también conocida como *ekklesia*, era la principal institución democrática ateniense. Era un foro abierto donde todos los ciudadanos con derecho a voto se reunían a discutir, debatir y votar sobre asuntos importantes. La participación en la asamblea se negaba a los condenados por prostitución, a quienes tenían deudas con el fisco y a los que no mantenían o golpeaban a sus familiares. Todas las decisiones tomadas en la asamblea influían en aspectos de la vida ateniense.

La asamblea se reunía unas cuarenta veces al año en el *pnyx*, un auditorio al aire libre, para tratar temas que abarcaban diversos ámbitos de la vida, como la política exterior, las leyes, los asuntos financieros y las actividades de los funcionarios públicos. Todos los ciudadanos podían hablar y participar en la asamblea, expresar sus preocupaciones y opiniones y proponer leyes. Los mayores de cincuenta años eran los primeros en participar. Las decisiones importantes se tomaban por mayoría, presentando y contando los votos de todos los participantes.

El Consejo de los Quinientos

El Consejo de los Quinientos, o *boulé*, era un órgano ejecutivo y administrativo que organizaba y aplicaba las decisiones de la asamblea y gestionaba los asuntos cotidianos. Entre sus responsabilidades figuraba la publicación de los lugares y órdenes del día de las próximas reuniones de la asamblea.

La *boulé* estaba formada por quinientos ciudadanos, cincuenta elegidos en cada una de las diez unidades territoriales de Atenas. La elección de los miembros era un proceso relativamente aleatorio para reducir la posibilidad de corrupción. Los miembros de este consejo solo ejercían este cargo por un año y no podían hacerlo más de dos veces en su vida. Esta política evitaba la concentración de poder en unos pocos individuos. La *boulé* contaba con varios subcomités que gobernaban diversas áreas, como los asuntos financieros, los asuntos religiosos y los asuntos exteriores, garantizando la administración eficaz de la ciudad-estado.

Cómo sus decisiones guiaban la vida ateniense

- Los miembros de la asamblea proponían legislación, aprobaban leyes y abordaban políticas importantes en la vida cotidiana de Atenas. Tomaban decisiones sobre alianzas y asuntos exteriores, normas sociales, comercio e impuestos. La participación directa de los ciudadanos configuraba el panorama político y social de la época.
- La *boulé* velaba por la aplicación de todas las decisiones tomadas por la asamblea. Los miembros de este consejo gestionaban las finanzas públicas, supervisaban la aplicación de las leyes y organizaban expediciones militares. Eran las piedras angulares de la eficacia de este sistema político.
- La asamblea y la *boulé* rendían cuentas a los ciudadanos. Los ciudadanos podían practicar el ostracismo o emprender acciones legales contra los miembros de la asamblea o de la *boulé* si tomaban decisiones insatisfactorias.

El legado de la democracia ateniense en los principios democráticos modernos

La democracia ateniense, que dio forma a la vida de los civiles de la antigua Grecia hace unos 2.300 años, es un peldaño importante y perdurable del sistema político y jurídico moderno. El sistema democrático ateniense dio forma a los principios y prácticas democráticas que se promulgan en todo el mundo actualmente. A continuación, se exponen algunas formas en las que la antigua democracia ateniense es evidente en las estructuras políticas democráticas contemporáneas:

Participación e influencia de los ciudadanos

La antigua democracia ateniense se caracterizaba por la participación directa de los ciudadanos en la toma de decisiones políticas, mientras que los sistemas actuales están más organizados y se caracterizan por el uso de representantes. Los representantes garantizan que los ciudadanos expresen activamente sus preocupaciones y participen en los procesos democráticos, al tiempo que disminuyen el riesgo de demagogia y reducen el tiempo y los recursos que requiere la participación en el sistema político.

La democracia ateniense tenía criterios para determinar quiénes podían participar en el proceso democrático, mientras que hoy en día el uso de representantes garantiza que todas las personas mayores de edad puedan participar en el proceso. El concepto de soberanía popular, que otorga a los ciudadanos la máxima autoridad política, también encarna los atributos de la democracia ateniense.

Sistemas políticos inclusivos

El cambio de permitir que un reducido grupo de aristócratas participara en las decisiones políticas a otorgar el poder a un segmento más amplio de la población fue enorme en aquella época. Esta reforma sentó las bases de sistemas políticos más inclusivos que fomentan la igualdad cívica. El hecho de que muchas personas en todo el mundo ahora puedan votar y participar en el proceso legal de toma de decisiones, independientemente de su condición social o lugar de nacimiento, es la esencia de la democracia y fue posible gracias a la reforma de Cleístenes. Esta idea ha llevado a la eliminación o disminución de las barreras al voto, al aumento de los derechos civiles y a la lucha contra la discriminación.

Leyes que reflejan la voluntad de los ciudadanos

La democracia ateniense reconocía el gobierno de la ley, un principio fundamental en los sistemas jurídicos democráticos que subraya la importancia de la responsabilidad, la igualdad, la transparencia y la protección de los derechos civiles. El Estado de derecho hace a todos los individuos responsables e iguales ante la ley y proporciona procesos legales justos y equitativos. Esta norma también limita el poder del gobierno, por lo que es crucial para mantener la justicia y el orden y proteger los derechos del pueblo y los principios democráticos.

Las leyes de la antigua Atenas eran establecidas por la asamblea y aplicadas a todos los ciudadanos de forma imparcial. Los procesos democráticos contemporáneos siguen reflejando la voluntad de los ciudadanos y defendiendo la igualdad y la equidad. La antigua práctica ateniense de exigir responsabilidades a los funcionarios del gobierno mediante prácticas como el ostracismo y otras acciones legales contribuyó al concepto actual de responsabilidad gubernamental y al sistema de división de poderes.

Libertad de expresión y debate

La asamblea servía de foro público donde los miembros debatían sus opiniones sobre leyes y discutían diversos asuntos. Los participantes votaban y deliberaban libremente sobre asuntos de importancia. Los sistemas democráticos modernos también fomentan el discurso abierto y la libertad de expresión. Se cree que el intercambio de ideas es vital para el bienestar social y nacional.

Bases para la experimentación

El modelo democrático ateniense sirvió como base para experimentar con la gobernanza democrática. Filósofos de la antigua Grecia como Aristóteles y Platón también inspiraron, criticaron y analizaron la democracia ateniense y ofrecieron valiosísimas ideas sobre los puntos fuertes y débiles del sistema. Esto permitió a otros aprender de las lecciones y experiencias del pasado y perfeccionarlas para adaptarlas a la vida moderna.

La antigua democracia ateniense ejerció una influencia duradera en los sistemas políticos mundiales, haciéndolos más inclusivos y fomentando una mayor participación política y protección jurídica. Sin embargo, el sistema democrático de la época también tenía inconvenientes de los que las entidades modernas podrían aprender. La democracia ateniense limitaba las personas que podían participar en los procedimientos políticos estableciendo ciertos criterios de elegibilidad, exigía mucho tiempo y recursos y era susceptible a la demagogia. La antigua democracia ateniense sentó las bases de sistemas democráticos que transformaron la política mundial.

Capítulo 2: Relatos del Imperio romano

El Imperio romano ha suscitado el interés y la atención de muchos historiadores y narradores durante siglos. Es difícil adentrarse en la historia de la ciudad eterna sin quedar atrapado en un laberinto de asombro y admiración. Relatos de leyendas, mitos y héroes se entretejen en la historia de la cuna de los Olímpicos.

A lo largo de la historia, poetas, pintores y artistas han adoptado Roma como musa para expresar su arte. Es una historia fascinante que nunca pasa de moda, desde sus célebres victorias hasta sus desgracias.

Quizá se pregunte cómo esta ciudad de colinas llegó a ser la capital del mundo. Hay mucha controversia sobre cómo surgió esta ciudad, por no mencionar el hecho de que muchos tienen una opinión diferente sobre cuándo llegó a serlo.

Rómulo y Remo[3]

La fundación de Roma

Si le gusta la mitología y las historias majestuosas, este relato le encantará. Hace mucho tiempo, alrededor del 753 a. C., Roma fue fundada por los hermanos gemelos Rómulo y Remo.

Los hermanos no eran humanos ordinarios; fueron engendrados por el dios de la guerra, Marte y una madre humana. Poco después de su nacimiento, el rey Amulio ordenó su muerte al colocarlos en una cesta y dejarlos libres en el río Tíber para que murieran expuestos a la inanición.

El dios del río, Tiberino, calmó la marea para garantizar la seguridad de los niños. El destino quiso que la cesta fuera a parar a la orilla del río, donde una loba tropezó con ellos. La depredadora, en contra de su propia naturaleza, amamantó a los cachorros hasta que los encontró un pastor. El pastor llevó a los niños a casa de su mujer, que decidió criarlos como si fueran suyos. Pasaron los años y los hermanos se convirtieron en jóvenes sanos que ayudaban a su padre adoptivo a cuidar de las ovejas. Un día, se enfrentaron a los pastores del rey y se produjo una pelea.

El destino quiso que participaran en la derrota y muerte del rey, que había intentado condenarlos a muerte cuando eran niños. Pasó el tiempo y los gemelos decidieron construir una ciudad en el mismo lugar al que su cesta había sido arrastrada por el río Tíber. Rómulo deseaba ubicar Roma en lo alto de la colina del Palatino, mientras que Remo prefería la colina del Aventino. Tras fracasar en el intento de resolver pacíficamente el desacuerdo, Rómulo asesinó a su hermano y cumplió su deseo de fundar Roma en el Palatino, convirtiéndose en el primer rey romano.

Si esta historia ha captado su interés, prepárese para la saga de Julio César.

6. Del Rubicón a Roma: El camino del poder de César

Antes de que Roma fuera conocida como imperio, fue una república y, antes de eso, una tierra de reyes. De acuerdo con los relatos antiguos, Roma fue gobernada por siete reyes, empezando por Rómulo y terminando por Lucio Tarquinio Superbo. El rey era un símbolo de liderazgo y religión. A su lado, trescientos senadores actuaban como consejeros, ayudando y guiando el gobierno del rey, pero no tenían poder real.

El último rey de Roma era orgulloso y cruel, y sus métodos hostiles provocaron el fin del poder etrusco. El Senado y el pueblo se levantaron contra él y lo expulsaron de la ciudad, allanando así el camino para que surgiera la República de Roma.

La República tenía un gobierno ligeramente diferente. El pueblo elegía a dos cónsules para un solo año; bajo los cónsules estaban los trescientos senadores que les asesoraban. Tras completar su año de servicio, se les prohibía volver a ocupar el cargo durante diez años. Durante la República, el pueblo estaba dividido en clases y la que gobernaba era la clase alta. Había patricios, plebeyos y esclavos.

Los patricios eran los ricos; normalmente vivían en casas lujosas y tenían esclavos a su servicio. Eran ciudadanos libres que podían asistir a la asamblea y votar. Los plebeyos también eran ciudadanos de Roma, pero de clase baja, normalmente comerciantes y artesanos. También podían votar y asistir a la asamblea.

Los esclavos no tenían derechos ni riqueza y no eran considerados ciudadanos. Al igual que las mujeres de la época, no podían acudir a las asambleas ni votar. En tiempos de crisis, como durante las guerras, era costumbre nombrar a un dictador hasta que se calmaba el panorama.

La República de Roma marcó una época de prosperidad y expansión hasta la llegada de César.

Cayo Julio César nació en julio del año 100 a. C. en el seno de una familia noble de la República. De joven, vio cómo Roma se sumía en el caos. Los ricos acaparaban riquezas y los ciudadanos de a pie luchaban por salir adelante. Los esclavos se rebelaban a medida que aumentaba su número.

César poseía muchos talentos y un agudo ingenio. Era divertido, encantador, un excelente orador y tenía una fuerte personalidad. Estaba dotado para la política y el ejército.

César se alistó en el ejército y ascendió hasta convertirse en jefe militar. En aquella época, se introdujo un cambio de propósito en el ejército; en lugar de luchar por la seguridad de la tierra, luchaban para ganar más tierras y oro. A medida que esta práctica crecía, los soldados ya no eran leales a la República, sino a los generales que les pagaban con cuantiosos bienes. Como la mayoría de los soldados eran antiguos campesinos que venían de la pobreza y la lucha, esta forma de compensación era más que suficiente para que cambiaran de bando.

César fue nombrado gobernador de España. No solo era un cargo prestigioso, sino también lucrativo. Le permitía saquear a los lugareños a su antojo. César forjó una alianza con otras dos personas de las élites, el general Pompeyo y un rico patricio llamado Craso, iniciando así su ascenso al poder. Los tres formaron el Primer Triunvirato.

Cuando regresó a Roma en el año 60 a. C., fue elegido cónsul, uno de los cargos más altos de la República. Sin embargo, con el paso del tiempo, el triunvirato no sobrevivió, ya que Craso fue asesinado en el campo de batalla, y Pompeyo dio a conocer sus intenciones de gobernar en solitario sin la influencia de César.

César tuvo un gran impacto en la expansión de los territorios de Roma. Mientras estaba ocupado luchando por su país en Galia (actual Francia), el Senado, influenciado por Pompeyo, decretó que debía regresar a casa sin la protección de su ejército y entregarlo al nuevo gobernador. También le prohibieron presentarse al segundo consulado. Estas acciones se realizaron en un esfuerzo por apagar el creciente poder de César.

Julio César se enfrentaba a dos opciones: acatar las órdenes del Senado y regresar solo a casa, arriesgando su reputación y tal vez su vida, o iniciar una guerra civil. Optó por lo segundo. La ley romana decretaba que ningún gobernador podía cruzar el río Rubicón de vuelta a casa sin ser invitado por el Senado. A los gobernadores solo se les permitía comandar sus ejércitos dentro de las provincias asignadas. Si infringían la ley, el gobernador y los soldados que lo seguían eran condenados a muerte tras ser despojados de su *imperium*.

César pronunció sus famosas palabras, «¡*Alea iacta est!*», que significan «la suerte está echada», y cruzó el Rubicón con su ejército, marcando el inicio de la guerra civil en enero del 49 a. C. En el 46 a. C., César había logrado derrotar a las fuerzas de Pompeyo y se había apoderado de Roma, declarándose dictador y gobernante absoluto. Rápidamente expulsó de Roma a Pompeyo y a parte del Senado, al tiempo que ofrecía amnistías a los demás.

César reformó el gobierno. Aumentó el tamaño del Senado para mejorar la representación. Ofreció la ciudadanía a muchos extranjeros, ofreció lugares para establecerse en nuevas ciudades a los veteranos y fue bastante caritativo con algunos de sus antiguos enemigos como Marco Junio Bruto, uno de los antiguos partidarios de Pompeyo.

7. Las guerras galas de César: conquista y triunfo

César sabía que para alcanzar la gloria eterna debía lograr una victoria sin parangón en la batalla. La campaña de las Galias es uno de los triunfos políticos y militares más recordados de la larga cadena de victorias de César. El propio César redactó un extenso registro de la Gran Guerra, aunque conviene leer las escrituras con cautela, ya que fueron escritas por el líder romano principalmente para ganar prestigio político.

El libro que escribió constaba de siete partes, cada una de ellas dedicada a un año de la guerra.

Cuando César se acercaba al final de su mandato como cónsul, en el 59 a. C., estaba gravemente comprometido económicamente. Con la ayuda del Primer Triunvirato, consiguió el puesto de gobernador de Ilírico. Tras la muerte del gobernador de la Galia Transalpina, también fue nombrado gobernador de esa provincia.

Tras su segundo nombramiento, César fue abordado por la tribu helvencia, una confederación tribal gala. Los delegados deseaban negociar un paso seguro a través de la Galia Transalpina y las tierras de una tribu romana llamada Aedui. Esa migración amenazaba con sembrar el caos en la zona de Gual, concretamente por parte de tribus germánicas de tipo guerrero que podrían optar por ocupar el territorio helvencio vacante. El líder romano les negó el paso, por lo que cambiaron su ruta alejándose por completo de tierras romanas. A los ojos de un espectador medio, esta parece una situación resuelta fácilmente, pero por desgracia, César tenía otros planes. Vio una oportunidad de derrotar a la tribu migrante para aliviar su posición política y pagar sus deudas con el botín.

Reunió entre 24000 y 30000 soldados bajo su mando y avanzó en persecución de los helvencios. Consiguió alcanzarlos cuando intentaban cruzar el río Saona. Alrededor de una cuarta parte tuvo la mala suerte de no haber cruzado, porque César los mató a todos. Las negociaciones se reanudaron, pero fueron inútiles, ya que las condiciones de César eran muy duras. Los combates continuaron hasta que los romanos obtuvieron la victoria y ordenaron a los helvencios que regresaran a su territorio, dando comienzo a una guerra que duró siete años.

A lo largo de los siete años, César sufrió muchas pérdidas, pero también tuvo muchas conquistas de las que enorgullecerse. Conquistó el territorio de Sequani, gobernado por tribus germanas, y la confederación belga. Sobrevivió a una emboscada de los belgas nervii, atrebates y viromandui. Atacó y conquistó tribus galas a lo largo del canal de la Mancha. Logró derrotar a los venti en una memorable batalla naval. César no tuvo inconveniente en masacrar sin piedad a los refugiados germanos, para consternación de Roma. Quemó y arrasó pueblos germanos abandonados. Intentó conquistar Britania, pero se vio obligado a retroceder ante la feroz resistencia de los ingleses. Perdió parte de sus tropas a manos de una tribu belga en el noreste de la Galia liderada por los eburones, a lo que César respondió masacrando a las tribus belgas.

Estos acontecimientos desencadenaron la Gran Revuelta Gala en el 52 a. C. El liderazgo de la revuelta quedó en manos de Vercingetórix tras la matanza de romanos a manos de los carnutos. César sitió la ciudad de Avaricum, donde se enfrentó a Vercingetórix, entrando finalmente a la ciudad tras 25 días y matando a todos menos a 800 de los 40.000 habitantes originales.

Finalmente, César logró acorralar a Vercingétorix en la ciudad de Alesia, donde este fracasó en su intento de reunir refuerzos. Se vio obligado a rendirse ante el líder romano y posteriormente fue llevado a Roma para ser ejecutado en el año 46 a. C., marcando el final triunfal de las guerras galas a favor de Roma.

8. El Primer Triunvirato: Craso, Pompeyo y César

César se dio cuenta de que, para alcanzar la gloria, necesitaba la ayuda de otros. Un triunvirato es un grupo de tres hombres. Este triunvirato era una alianza secreta forjada entre tres individuos para ganar más poder sobre la entidad política romana.

El Primer Triunvirato se forjó entre Cayo Julio César, Cneo Pompeyo Magno, también conocido como Pompeyo, y Marco Licinio Craso en el año 60 a. C. La alianza se forjó para servir a las ambiciones individuales de cada uno de los hombres. Sin embargo, no fue un trato celestial. Dos de los hombres, Pompeyo y Craso, no se llevaban bien. Esto se debía a que Pompeyo había declarado descaradamente la gloria de la victoria de Craso sobre Espartaco en Capua. A Craso no le sentó bien ceder los elogios de su arduo trabajo, ya que la contribución de Pompeyo a la victoria había sido acorralar a los rezagados.

En cuanto a la relación entre Pompeyo y César, era un poco más amistosa. Ambos apoyaban al bando de los *Populares* en el Senado (pueblo llano) y se oponían a los *Optimates*, que solo se preocupaban por mantener su poder de clase dirigente tradicional dentro de las élites adineradas de Roma.

Cada uno de los líderes tenía sus propias razones para formar esta alianza. Pompeyo deseaba recompensar a sus soldados veteranos con tierras en el este, pero Marco Porcio se oponía constantemente. César deseaba ser nombrado cónsul y alcanzar la gloria política, y Craso deseaba alcanzar la gloria en el campo de batalla y compensar la pérdida de fondos que había sufrido debido a la calamidad alimentaria de Oriente.

Los tres hombres sellaron su alianza reconciliando primero a Craso y Pompeyo. Para reforzar aún más el vínculo, Pompeyo tomó por esposa a Julia, la hija de César.

La alianza tuvo éxito en la mayoría de sus esfuerzos. En el 59 a. C., César había sido nombrado cocónsul con Marco Calpurnio Bíbulo, amigo de Catón. Trabajó duro para conseguir a Pompeyo las tierras que necesitaba para sus soldados, pero fue constantemente vetado por Bíbulo. Decidió entonces tomar cartas en el asunto y presentar la propuesta a la asamblea pública. Bíbulo intentó interrumpir la presentación, pero fue arrojado por las escaleras del Foro y bañado en basura. Bíbulo se retiró de cualquier aparición pública, lo que llevó a César a gobernar como cónsul en solitario y conceder a Pompeyo las tierras que deseaba. A Craso se le dio la oportunidad de dirigir un ejército para cimentar su nombre como gran líder militar. Por desgracia, nunca logró su sueño, ya que fue derrotado en la batalla de Carrhae y decapitado por los partos.

9. Cleopatra y César: una alianza fatídica

César conoció a Cleopatra cuando perseguía a Pompeyo fuera de Roma en el 48 a. C. Pompeyo huyó primero a Grecia a reunir un ejército para enfrentarse a César y logró reunir el doble de soldados que este, pero fue en vano, porque fue derrotado en la batalla de Farsalia. Huyó entonces a Egipto, donde César lo siguió, y fue entonces cuando quedó hechizado por la bella reina de Alejandría, tanto política como emocionalmente. La disputa entre la reina Cleopatra y su marido/hermano, Ptolomeo XII, perturbaba la ciudad. Ptolomeo había supuesto erróneamente que matando a Pompeyo y entregando a César su cabeza se ganaría el favor del romano. Estaba muy equivocado. A César le repugnó el regalo y, como consecuencia, se hizo con el control del palacio real y actuó como monarca de Egipto. Ordenó a los hermanos reales que dispersaran sus ejércitos y resolvieran la cuestión del gobernante legítimo con él como juez.

César conoció a Cleopatra cuando perseguía a Pompeyo fuera de Roma[4]

Cleopatra fue a reunirse con César oculta en una alfombra, ya que las fuerzas de su hermano le habían impedido entrar en Alejandría. Su dramática revelación tuvo un impacto mucho mayor en César que el primer encuentro con su hermano.

Su alianza no se basaba únicamente en el romance y el amor, sino que llevaba implícitos aspectos políticos. César necesitaba la riqueza de Cleopatra para financiar su campaña hacia el poder en Roma y ella necesitaba la protección de César para asegurar su posición como reina. La decisión de volver a declarar a los dos hermanos cogobernantes no sentó bien a Ptolomeo, que intentó atrapar a su hermana con el líder romano en el palacio.

Este acto inició una guerra civil a gran escala en la que Ptolomeo fue derrotado en la batalla del Nilo y más tarde ahogado en su río homónimo. Cleopatra fue nombrada reina y su otro hermano menor, Ptolomeo XIV, gobernó a su lado. También se convirtió en su nuevo marido, a pesar de su aventura con César.

Cleopatra dio a luz poco después a su hijo Cesarión (que significa pequeño César). Un año después, visitó a César en Roma y se alojó en una de sus fincas. Cuando él fue asesinado en el 44 a. C., regresó a Egipto e inició su historia romántica con otro líder romano, Marco Antonio.

10. El calendario romano: La reforma atemporal de Julio César

El sistema original de datación empleado en la República de Roma se asemejaba al utilizado en Grecia, que seguía el ciclo lunar. Constaba de diez meses y 304 días, lo que provocaba un desfase de 61 días en la estación invernal. Además de desfasarse continuamente con las estaciones y necesitar constantes correcciones, este calendario lunar era explotado a menudo por los funcionarios romanos encargados de él. A menudo añadían días para manipular las elecciones o ampliar determinados mandatos políticos, abusando de su autoridad.

En el año 46 a. C., César empezó a idear el calendario solar. Reclutó a Sosígenes, un astrónomo de Alejandría, para que le ayudara. Basándose en el calendario solar, Sosígenes calculó el año, como los egipcios, en 365 días y ¼. César añadió entonces los 61 días que faltaban al año 46 a. C., trasladando esencialmente el comienzo del año del primero de marzo al primero de enero. El calendario juliano establecía que el año debía tener 365 días durante tres años seguidos y luego un año de 366 días (año bisiesto). César decretó que el día adicional se añadiera a febrero para garantizar que el calendario no se desfasara como su homólogo lunar.

Tras la muerte de César, Marco Antonio renombró el mes Quintilis, el séptimo del año, como Iulius (julio) en honor al dictador caído.

11. Idus de marzo: traición y asesinato de Julio César

En la cultura romana, la palabra idus significaba observar la luna llena, que marcaba el 15º día y la mitad de cada mes del calendario juliano. Sin embargo, los idus de marzo son un día marcado en la historia por la vergüenza y el cambio. En el año 44 a. C., César se había autoproclamado «dictador vitalicio», un título que no sentaba nada bien a la poderosa élite de Roma. Se dice que César selló su destino al declararse como tal, ya que Roma era conocida por su lucha contra los tiranos y los gobernantes absolutos a lo largo de su historia.

Los conspiradores detrás de la muerte de César, que se hacían llamar «los libertadores», estaban motivados por la idea de restaurar la República de Roma y asegurar la estabilidad política.

Creían firmemente que estaban liberando a Roma de un tirano demasiado poderoso. Los modos insensibles y las duras tácticas de César enfurecieron a los aristócratas, lo que los llevó a idear un meticuloso plan para acabar con su reinado.

El asesinato tuvo lugar en las salas de debate del teatro de Pompeyo, solo dos meses después de la victoria de César sobre Pompeyo en la batalla de Farsalia.

Se cree que entre cincuenta y sesenta senadores cargaron contra César y le asestaron 23 puñaladas, entre ellos los dos cabecillas Bruto y Casio, a los que había considerado queridos compañeros independientemente de sus pasadas lealtades con Pompeyo.

A Casio le inquietaba el desprecio de César por las tradiciones republicanas y convenció a Bruto, orgulloso de su herencia aristocrática, para que acabara con César. Bruto ocupaba un lugar especial en el corazón de César, ya que había tomado a su madre, Sevilia, como amante y consideraba a Bruto un hijo adoptivo. Se dice que las últimas palabras célebres de César, desconsolado por la traición, fueron «*¿Et tu, Brute?*» (¿Tú también, Bruto?). No hay forma de saber las palabras exactas que pronunció. Solo los presentes durante la traición podrían haberlo sabido con certeza.

Como fue apuñalado tantas veces, era difícil acusar a una persona en concreto del asesinato.

Lo que los conspiradores no vieron venir, sin embargo, fue que con el asesinato de César sellarían el destino de Roma como imperio, ya que el hijo adoptivo de César, Octavio, subió más tarde al poder y fue nombrado emperador Augusto.

Capítulo 3: Relatos de la propagación del cristianismo

Ninguna historia del cristianismo puede comenzar sin el nacimiento, la vida y las enseñanzas de Jesús. Nacido en Belén de Judea, Jesús pertenecía al linaje del rey David. El Espíritu Santo ayudó a su madre, María, en su concepción. María, una joven virgen soltera, viajó con José, su prometido, a Belén cuando fueron convocados (como muchos otros en la región) para un censo. Sin embargo, cuando llegaron, no encontraron alojamiento en la posada local y se vieron obligados a pasar la noche en un establo. La noche en que nació el niño Jesús atrajo a los magos (a veces representados como reyes, astrólogos o pastores) que querían presenciar el producto del nacimiento milagroso. Poco se sabe de la infancia de Jesús, pero fue bautizado alrededor de los treinta años por Juan el Bautista.

La historia del cristianismo comienza con el nacimiento de Jesús[5]

Era una época de extremas expectativas religiosas mezcladas con agitación política, lo que llevó a numerosos movimientos judíos a estar al acecho del profetizado Mesías que traería los cambios tan necesarios. Juan el Bautista pertenecía a uno de estos movimientos. Era conocido por difundir un mensaje de transformación radical a través del arrepentimiento mientras bautizaba a los lugareños en el río Jordán. Al igual que Juan, Jesús se esforzó por enseñar y predicar mensajes similares desde una edad temprana. Cuando fue bautizado, asumió un ministerio público para difundir sus enseñanzas, curar y disipar los demonios de los poseídos y, según algunos registros, resucitar a personas de entre los muertos. Pronto empezó a viajar por toda Galilea, acompañado de antiguos pescadores que lo seguían con sus familias, abandonando sus redes para difundir sus enseñanzas. Su mensaje enfatizaba la importancia de mirar a Dios y hablaba del arrepentimiento, el perdón, el amor, la generosidad y la justicia como herramientas para acercarse al Creador. En una de sus lecciones, hablaba de un hombre atacado que fue ayudado por un forastero mientras los miembros de su comunidad lo abandonaron a su suerte. Habiendo encontrado a muchas personas de diferentes orígenes durante su ministerio, Jesús predicó contra el juicio y aconsejó a los críticos recordar sus propias imperfecciones antes de condenar a los demás (refiriéndose a lo que se conoce como el mandamiento de amar al prójimo).

Jesús afirmaba que el reino de Dios está más cerca de lo que se cree, describiéndolo como un reino único de justicia, prometiendo la liberación de los oprimidos que se arrepienten y abrazan a quienes les rodean. Dijo que el primer reino divino no sería construido por los ricos, los poderosos gobernantes y los miembros distinguidos de la sociedad (como ocurre con los reinos terrenales), sino por los marginados de la sociedad, los rechazados y los más pobres. Quienes lo oyeron empezaron a hablar de Jesús como el Mesías largamente prometido, el redentor de las almas. Creían que él era quien estaba profetizado para hacer realidad el reino de Dios, lo que marcó el comienzo de una nueva fe conocida como cristianismo. Empezando por los seguidores de Jesús, el cristianismo se extendió por Oriente próximo, se apoderó rápidamente de la costa mediterránea y se arraigó profundamente en el Imperio romano.

Al principio, los propagadores se enfrentaron a crueles persecuciones por parte de los romanos. Sin embargo, a pesar de ellas, debido al atractivo de las enseñanzas sobre la inmortalidad del espíritu (vivir después de la muerte en el reino de Dios), el cristianismo creció con increíble rapidez. Las enseñanzas sobre la ayuda a los pobres también contribuyeron a la popularización de esta nueva religión. El apóstol Pablo fue una de las figuras más destacadas en la difusión del cristianismo en Europa (y otras partes del mundo). Durante su ministerio, Pablo realizó varios viajes misioneros para ayudar a los necesitados y difundir la religión entre ellos. Pablo realizó al menos tres largos viajes misioneros por la actual Siria, Turquía, Grecia, Chipre y el territorio romano de Panfilia, entre otros. Durante sus viajes, difundía las enseñanzas de Jesús y realizaba milagros, sentando las bases de la primitiva iglesia cristiana.

12. Constantino el grande: el primer emperador cristiano

El emperador Constantino allanó el camino para que Roma se convirtiera en un imperio cristiano. Nacido pagano, Constantino fue bautizado en el año 312, justo antes de iniciar una campaña bélica contra su rival, Majencio. Preocupado por el resultado de la guerra, pidió la guía divina. Constantino recibió en sueños una visión en la que el Dios cristiano le ordenaba utilizar el símbolo cristiano de la cruz en los escudos de sus guerreros. Constantino obedeció y venció a Majencio. A partir de entonces, el emperador empezó a manifestar su preferencia por la nueva religión, pidiendo a sus súbditos que se convirtieran y proporcionando un continuo apoyo monetario a las iglesias cristianas. A pesar de ello, también siguió dando dinero para apoyar la religión tradicional. Permitió que los seguidores del paganismo construyeran nuevos templos y permitió los sacrificios cuando los edificios públicos eran destruidos por un rayo, aunque en otras ocasiones se mostraba contrario a esta práctica. Era un enfoque poco tradicional (sobre todo a los ojos de las culturas que seguían una religión monoteísta). Sin embargo, al no obligar a sus súbditos a seguir el culto y la identidad cristiana, Constantino se aseguró su buen nombre y no corrió el riesgo de ser derrocado (como les ocurrió a otros gobernantes que intentaron imponer el cristianismo). Como él mismo se había criado en el paganismo, le resultó difícil dejar atrás la antigua religión. Durante el gobierno de Constantino, los paganos podían adorar a tantas figuras divinas como quisieran y en la forma que quisieran. Si esta adoración incluía a Jesús dependía de cada uno. Algunos rezaban a Jesús igual que lo hacían a sus otros dioses. Tras su muerte en 337, los tres hijos de Constantino (todos ellos educados en la fe cristiana) empezaron a utilizar el poder del Estado contra los seguidores de la religión pagana. Constancio II, por ejemplo, prohibió los sacrificios, cerró algunos templos paganos y permitió a los obispos convertir otros en iglesias cristianas. Incluso con estos esfuerzos por fomentar el cristianismo en la vida pública, debido a la gran cantidad de infraestructuras y a la falta de voluntad de sus administradores para hacer cumplir las leyes antipaganas, Constancio no pudo extinguir el paganismo.

13. De pagano a cristiano: la transformación del Imperio romano

Aunque misioneros como el apóstol Pablo e incluso Constantino difundieron ampliamente el cristianismo en Roma, los plebeyos tuvieron una influencia aún más considerable en la popularización de la religión.

Libanio, un maestro de la Roma del siglo IV, explica que los paganos romanos no tenían una estructura unificada, ni libros sagrados, ni rituales. Dice que los seguidores ni siquiera se ponían de acuerdo sobre qué deidades paganas eran auténticas. En algunos territorios del imperio, los paganos adoraban a dioses que imaginaban con forma humana, mientras que otros veían a sus deidades como animales u objetos inanimados, como piedras gigantes. En esta época, el Imperio romano contaba con más de un millón de estructuras dedicadas a estas deidades paganas. Sin embargo, los dioses no solo estaban presentes allí. Se incorporaban a la vida cotidiana de la gente. Se les honraba en las fiestas y sus imágenes adornaban las monedas. Los animales sacrificados en los templos se utilizaban para el abastecimiento de carne de la ciudad.

El imperio ya contaba con un poderoso sistema de administración militar y civil que se extendía por los demás territorios bajo control romano. Los ciudadanos romanos pagaban impuestos al Estado y recibían a cambio servicios y protección. Disponían de un sistema administrativo increíblemente eficaz y dinámico, unido a una institución jurídica con gran capacidad de respuesta. Para ello era necesario aprovechar las habilidades y capacidades del mayor número posible de ciudadanos. En el siglo IV, el gobierno imperial empezó a identificar y a poner al servicio de la sociedad a los jóvenes romanos que vivían en las ciudades de provincias y en las pequeñas poblaciones. Las listas de estudiantes recibían cargos ejecutivos y abundantes salarios. Esto les permitió obtener la riqueza y el poder que proporcionaba el sistema administrativo imperial. Nacido en una pequeña ciudad del sur de Francia, Libanio fue uno de los primeros elegidos para ocupar un cargo administrativo. Sus padres le apoyaron y vieron en él la oportunidad de engrandecer el nombre y la fortuna de la familia. Sin embargo, se esperaba que los jóvenes paganos sobresalieran y trabajaran según las reglas del emperador. Cuando llegaron a cosechar los frutos de su trabajo, Libanio y sus amigos utilizaron su tiempo libre para honrar su religión tradicional rindiendo culto en los monumentos paganos supervivientes y celebrando los antiguos festivales. En aquella época, el gobernante era el hijo de Constantino, Constancio II, que no toleraba la oposición a su régimen. Libanio y otros temían perder lo que quedaba de su religión, pero temían más poner en peligro la riqueza y prominencia que habían adquirido por hablar públicamente. Sin embargo, todo esto cambió cuando Constancio murió y fue sustituido por su primo Juliano, declarado pagano públicamente.

Debido a las repentinas y vigorosas críticas contra la injusticia y el fanatismo religioso que dominaba el reino, Juliano hizo planes para una restauración pagana del imperio. Aunque murió poco después, sus sucesores cristianos no se centraron en la cristianización del imperio, por lo que Libanio y otros paganos pudieron continuar con sus costumbres. Alababan el sistema administrativo cristiano en público, lamentaban las tendencias autocráticas en privado y seguían cobrando sus sueldos. En otras palabras, siguieron estableciendo paralelismos y hablando de ambas religiones.

Otro gran cambio se produjo en 379, cuando Teodosio subió al poder. El nuevo gobernante abrazó frenéticamente la idea de conducir a Roma a una nueva era cristiana erradicando por completo las prácticas paganas. Después de restringir las actividades paganas, hizo que los sacrificios se castigaran con la muerte, cerró los templos y empezó a castigar a los funcionarios imperiales que no hacían cumplir sus leyes. Esto infundió temor en la población y provocó conversiones masivas. Todos los romanos jóvenes nacidos en la Roma gobernada por Teodosio eran cristianos. El emperador se aseguró de que se hablara con entusiasmo del cristianismo, lo que le permitió acelerar el ritmo de cristianización. Difundir el cristianismo de boca en boca era mucho más eficaz que utilizar el lento sistema administrativo.

Poco a poco, la gente se fue desinteresando del culto pagano. Como resultado, los edificios se deterioraron y el número de lugares de culto disminuyó constantemente. Aunque las estatuas de las deidades paganas permanecieron en lugares públicos, se rezaba cada vez menos a las antiguas deidades. A principios del siglo V, las restricciones a los paganos aumentaron aún más. Se cerraron más templos paganos, hasta que no hubo suficientes abiertos como para molestarse en cerrarlos. Mientras tanto, los paganos devotos viajaban a las zonas rurales e intentaban imponer sus propios puntos de vista a los lugareños; esto no salió bien. Los lugareños estaban más dispuestos a convertirse al cristianismo que a abrazar diferentes formas de paganismo.

14. El cristianismo y el auge de la Iglesia medieval

Como se puede imaginar, el viaje para establecer las raíces del cristianismo en la Europa medieval no fue un camino de rosas, y no solo por la resistencia pagana de los países bárbaros. Alrededor del siglo IV, los propagadores también tuvieron que competir con una nueva rama del cristianismo, arrianismo. Su fundador fue Arrio, un erudito romano cuyas creencias y enseñanzas pintaban un cuadro algo diferente al de Jesús. Los seguidores del arrianismo (que incluían en sus filas a varios emperadores romanos) se pasaban el día aclamando que Jesús no era igual a Dios, una noción que les parecía mucho más atractiva que la versión original. En cuanto oyeron esto, tribus germánicas como los vándalos, ostrogodos y visigodos adoptaron también el arrianismo, lo que complicó aún más la expansión de la rama original por el norte de África, la península Ibérica e Italia. Algunas de estas tribus sufrieron duras persecuciones por parte de los cristianos.

A pesar de las dificultades, el surgimiento de la Iglesia medieval era inevitable. Poco después de las primeras conquistas sobre paganos, arrianos y similares, el obispo de Roma fue proclamado cabeza de la iglesia cristiana. Aunque al principio no todos los seguidores aceptaron este acontecimiento (o lo hicieron solo parcialmente), fue lo que marcó los cimientos del papado y su dominio sobre la Iglesia cristiana. En una ocasión, se preguntó a un plebeyo romano qué le habían enseñado sobre estos cambios. Desgraciadamente, no sabía qué o cómo responder. Solo sabía que el papa (como se conocía al obispo de Roma en todo el imperio) tenía una influencia considerable. También decía que tenía miedo de lo que pudieran traer los cambios porque se rumoreaba que el papado estaba supervisado y controlado por el Imperio bizantino. Esto ocurría a principios de la Edad Media. Cuando a los plebeyos se les hacía la misma pregunta un par de siglos más tarde, sabían que la misión del papa era convertir grandes partes de Europa Occidental y se mostraban menos aprensivos ante la posibilidad de aceptar el papado como poder supremo. Poco a poco, la Iglesia romana no solo creció, sino que se separó de sus religiones asociadas en el Mediterráneo oriental. Para cuando la Edad Media estaba en pleno apogeo, las iglesias más conocidas eran la católica romana y la ortodoxa.

15. San Patricio y la difusión del cristianismo en Irlanda

San Patricio es una figura muy conocida de la historia europea. A él se atribuye la difusión de la religión cristiana en Irlanda y, posteriormente, en otras partes de Europa. Nacido en Gran Bretaña en 386, San Patricio fue esclavizado y vendido por piratas a una granja irlandesa, donde pasaba los días trabajando y rezando. Esta rutina moldeó su mentalidad e incluso le mostró el camino para escapar de la esclavitud. Cuenta la leyenda que San Patricio tuvo un sueño lúcido en el que le decían que un barco lo llevaría a casa. Como era un hombre de fe cristiana, pensó inmediatamente que era Dios quien le hablaba e hizo

San Patricio es una figura muy conocida de la historia europea[6]

lo que se le decía, escapando con éxito a Francia en el año 408 d. C. Tras una breve estancia en Francia, encontró el camino hasta su familia en Gran Bretaña. Allí fue ordenado obispo en el 432 d. C. y el papa Celestino I le encomendó la tarea de difundir el cristianismo.

Poco después, San Patricio tuvo otro sueño. En él, los irlandeses le rogaban que visitara Irlanda y ayudara a los cristianos recién convertidos. Vio a los irlandeses agobiados por las guerras tribales, la esclavitud y las tradiciones paganas. No queriendo defraudar a los necesitados, viajó inmediatamente a Irlanda, donde, además de ayudar a los cristianos, empezó a introducir la religión entre los paganos irlandeses. Para combatir la resistencia a la nueva religión, tuvo la ingeniosa idea de incorporar rituales paganos a las prácticas cristianas.

Durante su estancia en Irlanda, San Patricio fue atacado y capturado varias veces por las tribus paganas irlandesas. Sin embargo, siempre se rendía voluntariamente, ya que veía la oportunidad de enseñar su fe a sus captores. Gracias a su profunda reverencia por el amor, el perdón, el trabajo duro y la gracia social, a menudo conseguía convertir al cristianismo a tribus paganas enteras. Esto llevó al infame dicho de que expulsó a las serpientes de Irlanda (refiriéndose a los paganos).

16. La era de la conversión: la cristianización de los reinos bárbaros

A pesar del comienzo difícil, los misioneros cristianos enviados desde Irlanda y desde el papado consiguieron convertir a numerosos gobernantes de países europeos en el siglo VII. Sin embargo, los reinos bárbaros se hicieron cada vez más difíciles de abordar después de que los vikingos invadieran y establecieran su dominio durante los siglos VIII y X. Afortunadamente para ellos, los misioneros contaban con el apoyo de emperadores cristianos como Carlomagno (el emperador carolingio), que lanzó una serie de apasionadas campañas contra la tribu germánica de los sajones. Tras una invasión de tres años y la destrucción de numerosos lugares sagrados, los sajones se rindieron y se convirtieron al cristianismo. Al igual que él, el noruego Olaf Tryggvason intentó convertir a sus súbditos. Sin embargo, sus intentos tuvieron mucho menos éxito y fue derrocado. Fue alrededor del siglo VIII que la mayoría de los nórdicos dijeron: «¡Nunca abandonaremos la religión antigua!». Algunos se resistieron más que otros. En el año 1000, un representante del Alíing (la asamblea general del pueblo islandés), Thorgeir Thorkelsson, recibió el encargo de decidir si el pueblo de Islandia seguiría el cristianismo o la religión nórdica. Pasó un día entero y la noche siguiente reflexionando sobre la cuestión antes de decidirse finalmente por la conversión. Otros países escandinavos también se habían convertido por completo en el siglo XI. En cambio, los samis del norte de Escandinavia tardaron en someterse al bautismo hasta después del periodo más oscuro de la Edad Media.

En el siglo IX, tanto la Iglesia bizantina como el papado pensaron en los búlgaros como la siguiente nación para someter a su jurisdicción. Sin embargo, tuvieron que enfrentarse a la inusual estrategia defensiva de un gobernante búlgaro, Boris. Como los dos bandos tenían intereses diferentes, Boris fingió buscar una alianza con ambos. Fue paciente a la hora de determinar qué opción serviría mejor a sus propios objetivos estratégicos. Finalmente llegó a un acuerdo con el Imperio bizantino, que condujo al establecimiento de la iglesia nacional búlgara. Los astutos búlgaros crearon la liturgia formal de su iglesia utilizando su propia lengua y creencias. Solo un siglo después, Mieszko I, el primer gobernante de la vecina Polonia, abrazó el cristianismo. Según la leyenda, su esposa, de origen bohemio, le presionó para que se bautizara. Acudió a Boleslav I, duque de Bohemia, padre de la esposa de Mieszko, que ya era cristiano, y le pidió lealtad. Su mujer le dijo que su padre probablemente lo apoyaría si se convertía. Durante el mismo período, el Imperio bizantino intentó evangelizar a las poblaciones de otras regiones de Europa oriental, incluidas las actuales Rusia y Ucrania. Aquí la conversión tardó tanto como en Escandinavia. El cristianismo no se convirtió en una religión generalmente aceptada en la zona hasta Vladimir el grande, gobernante de la Rus de Kiev, a finales del milenio. En el 986, Vladimir se reunió con fieles de muchas religiones, incluidos judíos, musulmanes y cristianos, antes de elegir la suya para imponerla a sus súbditos. Tras conocer la cultura de Constantinopla (capital del Imperio bizantino), Vladimir y su familia se bautizaron y abrazaron las enseñanzas de la Iglesia ortodoxa.

El gobernante húngaro, el rey Esteban I, también abrazó el cristianismo a principios del siglo XI. Su pueblo siguió el ejemplo de bautizarse y abandonar la religión pagana, aunque al principio se resistió. Esto supuso un esfuerzo considerable, pero todos se mostraron más afines a la nueva fe una vez que todo estaba en marcha. Elogiaban a Esteban I por construir iglesias y estaban dispuestos a castigar a quienes no siguieran las prácticas cristianas.

La región báltica, último reducto del cristianismo en Europa, no fue conquistada hasta el siglo XIV. Esto marcó el final de la cruzada que comenzó a mediados del siglo XII y se extendió por el periodo más oscuro de la Edad Media. El Gran Ducado de Lituania, aún sin conquistar, seguía siendo una potencia regional crucial a mediados del siglo XIV. Sin embargo, a finales de siglo, el gran duque gobernante se casó con la reina polaca y se bautizó como cristiano católico romano por deseo de su esposa. Un año más tarde, impuso el cristianismo al pueblo lituano, aunque elementos de su fe pagana sobrevivieron más allá de este periodo.

Capítulo 4: Las expediciones vikingas y sus relatos

Originarios de Escandinavia, los vikingos eran misteriosos nórdicos que, a través de sus numerosas expediciones por Europa entre el 750 y el 1050 d. C., tuvieron un impacto monumental en la historia del continente. Los vikingos eran conocidos por sus excepcionales habilidades de navegación, que les permitieron viajar, explorar y conquistar lugares lejanos a su tierra natal. Aún no está claro qué los impulsó a emprender sus viajes. Los historiadores sugieren la presión demográfica, el comercio y la búsqueda de riqueza y prestigio. Este capítulo explora cómo esos viajes afectaron a las culturas que los conocieron y la influencia duradera de las expediciones vikingas en la historia europea.

Los vikingos eran conocidos por sus excepcionales habilidades de navegación[7]

17. Comercio e incursiones: la doble cara de las expediciones vikingas

Al principio, los vikingos tenían una sociedad agrícola y rural próspera en la que la mayoría de los miembros del clan trabajaban como agricultores y pescadores. Mientras los pescadores volvían siempre a casa con las redes llenas, los agricultores se quedaban cada vez más a menudo sin una buena cosecha. Debido a las duras condiciones climáticas de Escandinavia, el suelo no era muy fértil. A medida que la población crecía, la cantidad de grano era cada vez más insuficiente para alimentarlos durante los largos y gélidos inviernos. Como la escasez de alimentos era habitual, algunos jefes decidían tomar lo que su tribu necesitaba de otras tribus, lo que marcó el comienzo de las incursiones vikingas. Al principio, los ataques solo se producían en territorios locales, pero pronto empezaron a extenderse por Europa. Cuando empezaron a expandir sus horizontes, los vikingos encontraron muchas ciudades prósperas en la zona costera del continente y muchos monasterios, que eran objetivos fáciles debido a su aislamiento y a la indefensión de sus habitantes.

Cuando empezaron a aventurarse más allá de Europa occidental, los vikingos comenzaron a asentarse, comerciar y cultivar en sus nuevas tierras. Atravesaron el Atlántico Norte y los ríos helados hasta Constantinopla y llegaron a Norteamérica a principios del siglo XI (más de 400 años antes que Colón). Aunque su colonia duró poco, sus asentamientos en otras partes de Europa prosperaron más de lo imaginable. Sus viajes, acompañados de un reino de terror, pronto pasaron a la historia. Algunas tribus, no todas, incluso empezaron a abrazar el cristianismo (aunque muy lentamente), lo que significó que dejaron de asaltar monasterios. El clima favorable fuera de Escandinavia hacía más factible la agricultura, por lo que no tuvieron necesidad de continuar con el estilo de vida guerrero marítimo.

A medida que los vikingos fueron adoptando el comercio y los asentamientos, se vieron impulsados por los mismos objetivos que durante sus incursiones. Perseguían la riqueza, aunque ello supusiera obtener tierras fértiles para la agricultura. Naturalmente, tenían que interactuar con la población local, lo que a veces era un éxito y a veces un fracaso. En Inglaterra, por ejemplo, empezaron a relacionarse con los británicos, llegando incluso a abrazar la hibridación de sus culturas. Mientras tanto, los vikingos se mantuvieron al margen en Rusia y Normandía, siendo una minoría, aunque hicieron todo lo posible por mezclar su cultura y respetar a los lugareños. Por toda Europa, los vikingos comerciaban con armas, herramientas, jabón, joyas, recipientes de cocina y materiales de construcción. Donde iniciaban el trueque, establecían enormes centros comerciales, revitalizando pequeños mercados y zonas moribundas (para felicidad y beneficio de la población local).

18. El saqueo de Lindisfarne: el amanecer de la era vikinga

Los vikingos atacaron por primera vez un monasterio en busca de botín en Lindisfarne en el año 793 d. C. La matanza y esclavización de los indefensos monjes por parte de los vikingos causó indignación, pero la derrota simbólica fue aún más dura. Los cristianos medievales consideraban Lindisfarne uno de los lugares de nacimiento del cristianismo en Gran Bretaña. Consideraban que el saqueo de este lugar era una profanación del santuario del Creador y que derramar la sangre de los monjes era como esparcir desperdicios por las calles. En una carta a Higbald (obispo de Lindisfarne en aquella época), un sacerdote llamado Alcuin afirmaba que el ataque era un castigo de Dios para los monjes de Lindisfarne. Estaba seguro de que el lamentable suceso era señal de algún terrible error. Como no sabía cuál era el pecado, Alcuin aconsejaba a los monjes supervivientes no beber cerveza, no vestir ropas elegantes y evitar otros comportamientos «frívolos»; que rezaran más a menudo de lo habitual y que fortalecieran su fe en Dios. También les instó a trasladar las reliquias y objetos que habían sobrevivido (como el cuerpo de San Cuthbert) a otro lugar menos accesible.

Según otro registro del acontecimiento, se vieron dragones sobrevolando el cielo de Lindisfarne antes del ataque. Los lugareños, lamentablemente aterrorizados, afirmaron ver dragones ardientes surcando el cielo y dejando escapar inmensas láminas de luz ardiente. Incluso relacionaron la ira de Dios con la gran hambruna que hubo poco después de este suceso, junto con hombres paganos que causaban estragos en la iglesia de Dios de la Isla Santa (en referencia a la incursión vikinga de Lindisfarne). Sin embargo, ninguno de ellos imaginaba que el saqueo de Lindisfarne era solo el comienzo del reinado de terror de los vikingos en Gran Bretaña. Durante los años siguientes, los vikingos dirigieron ejércitos enteros hacia Gran Bretaña, realizando importantes conquistas por el camino.

19. Los vikingos en Rusia: El legado de la Rus

Gran Bretaña fue solo el primer objetivo cuando los vikingos empezaron a extenderse desde Escandinavia. Cuando se dirigieron al este, a lo largo de los ríos Dniéper y Volga, vieron la oportunidad de hacerse con el control de las rutas comerciales que les permitían llegar al poderoso Imperio bizantino. Atraídos por las oportunidades comerciales y la riqueza, avanzaron hasta Constantinopla. A partir del siglo IX, los vikingos que se extendían hacia el oeste pasaron a denominarse rus (o varangios). Conquistaron los territorios de las actuales Rusia, Ucrania y Bielorrusia. Establecieron un punto de gobierno en Kiev en el 840 que recibió el nombre de Rus de Kiev. Según la *Crónica primaria rusa* (un relato histórico de la región compilado en el siglo XII por monjes de Kiev), el gobierno del territorio se dividió inicialmente entre tres hermanos. Truvor estableció una base en Izborsk; Sineus, en Beloozero; y el tercer hermano, Rurik, vivió en Nóvgorod. Esta última pasó a ser conocida como la capital de la Rus (la forma original del nombre «Rusia»). Tras su muerte, Ririk reclamó el territorio de su hermano, convirtiendo a Nóvgorod en la capital de todo el dominio de la Rus. Su sucesor, Oleg, trasladó la capital a Kiev. Fiel a sus antepasados vikingos, Oleg continuó conquistando nuevos territorios, aumentando el dominio de la Rus de Kiev y amasando increíbles riquezas gracias al lucrativo comercio con Constantinopla.

Según las leyendas, una profecía predijo a Oleg que moriría montado en uno de sus caballos. Para evitarlo, Oleg dejó de montar ese animal. Sin embargo, tras ampliar con éxito su territorio (y creerse invencible), Oleg empezó a plantearse volver a montar el caballo, pero había muerto. Sin embargo, encontró sus huesos. Satisfecho de que ya nunca le causaría la muerte, Oleg pisoteó el cráneo del animal. Justo en ese momento, una serpiente salió de debajo de los huesos del animal y lo mordió. Oleg murió poco después.

El sucesor de Oleg fue el hijo de Rurik, Igor, quien se propuso conquistar y comerciar, al igual que su predecesor. Por desgracia, no era bueno cobrando recompensas de los territorios conquistados y las tribus se rebelaron contra los altos precios y lo mataron. Le sucedió su esposa Olga, quien, según cuentan, se vengó de los asesinos de su marido. Cuando los emisarios (pertenecientes a las tribus que su marido quería conquistar) fueron a verla, Olga les hizo creer que se casaría con uno de ellos solo para engañarlos y quemarlos vivos en su casa de baños.

Cuando Vladimir el Grande asumió el poder y abrazó el cristianismo, la era de la Rus de Kiev empezó a terminar. Además de convertirse al cristianismo, Vladimir envió 6.000 soldados al emperador del Imperio bizantino para defender su trono. A cambio, pudo casarse con la hermana del emperador, forjando una poderosa alianza entre ambos dominios. Como resultado de este acuerdo, la Rus de Kiev comenzó a abrazar la cultura bizantina. Vladimir erigió iglesias para animar a los habitantes a practicar la nueva fe, e incluso construyó escuelas para mejorar la alfabetización (lo que contribuyó a la difusión del cristianismo). Aunque la economía floreció y la Rus de Kiev siguió expandiéndose, tras el reinado de Yaroslav I, hijo de Vladimir, la federación fue víctima de las luchas por el poder real. Las Cruzadas provocaron una mayor inestabilidad y cuando los mongoles invadieron el territorio en el siglo XIII, la Rus de Kiev no tuvo ninguna posibilidad de contraatacar.

20. El asedio vikingo a París: una ciudad amenazada

El primer encuentro de Francia (conocida entonces como el Imperio franco) con los asaltantes vikingos, en el año 799, marcó el comienzo de un largo periodo de incursiones en este territorio. Sin embargo, ese no fue el más memorable de los ataques vikingos, aunque el imperio tuvo tiempo de sobra para preparar su estrategia de defensa. En el 810, el emperador Carlomagno estableció un primer sistema defensivo de torres de vigilancia y fuertes costeros en toda la costa norte. Para reforzar su respuesta a la amenaza que suponían las incursiones vikingas, el sistema de defensa fue respaldado por la creación de una flota naval de considerable tamaño que patrullaba a lo largo de la costa. Aunque esto no impidió que los vikingos continuaran su reinado de terror por todo el Imperio franco, el sistema de defensa sí detuvo los ataques en la desembocadura del río Sena.

Desgraciadamente, dos décadas y media más tarde, el sistema defensivo fracasó cuando los vikingos daneses de Frisia y Dorestad lo rompieron, iniciando incursiones sistemáticas en el territorio. Estas incursiones tenían motivaciones políticas. En lugar de continuar con sus ataques esporádicos, los vikingos empezaron a planificar y coordinar sus estrategias, lo que les permitió obtener recompensas más cuantiosas y pérdidas mínimas. También supuso la creación de bases permanentes en las zonas conquistadas, lo que condujo al establecimiento de los primeros asentamientos vikingos. Además, las incursiones a través del Imperio franco a menudo eran resultado de luchas de poder entre los vikingos escandinavos. Los líderes de las tribus querían ampliar sus territorios y ganar más poder para establecer su dominio sobre las tribus rivales.

Los jefes acumulaban riqueza y estatus, y el botín se distribuía entre los guerreros asaltantes. Naturalmente, los guerreros con más éxito se lo llevaban, lo que provocaba una feroz competencia entre los jefes. Los historiadores teorizan que a esto se debió el repentino cambio de táctica hacia incursiones más organizadas.

A medida que las incursiones se hacían más frecuentes y brutales, cundía el pánico entre la población local. Cuando los asentamientos vikingos empezaron a crecer en número, amenazaron con desestabilizar el Imperio franco. La razón era simple: los asentamientos recién establecidos servían como excelentes bases para los ataques y acercaban la posibilidad de nuevos ataques vikingos.

En medio de este caos, los vikingos llegaron a París en 1845 e inmediatamente lanzaron un ataque para entrar en la ciudad, saqueando y causando destrucción a su paso. Dirigidos por Reginherus, miles de guerreros vikingos llegaron al Sena en 120 barcos, atravesando rápidamente la defensa franca formada por un ejército menor reunido por el rey Carlos a toda prisa. Ni siquiera un breve brote de peste en su campamento impidió a los vikingos saquear y ocupar la ciudad.

Carlos siguió intentando hacer retroceder la invasión, pero fue en vano. Cuando se dio cuenta de que no podía dominar a los vikingos, decidió pagarles un rescate de 7.000 libras de oro y plata, pidiéndoles a cambio que retiraran sus fuerzas. Aunque la importante cantidad de metal precioso fue bien recibida por los vikingos, solo la consideraron una compensación por derrotas anteriores (antes habían perdido tierras y asentamientos a manos del ejército de Carlos). Siguieron más pagos en un intento de ganar tiempo y hacer las paces con los vikingos en el futuro. Estos pagos se conocen como *danegeld*, aunque no está claro si este término se utilizaba en la época. Carlos fue muy criticado por pagar el rescate, pero también tuvo que hacer frente a revueltas locales a lo largo de su reinado, presiones de otros gobernantes europeos e incluso disputas con sus hermanos. Pagar a los vikingos fue una medida prudente para evitar nuevos conflictos y quitar una carga de los hombros al Imperio franco.

Aunque los vikingos terminaron por retirarse de la ciudad, el asedio de París en el 845 fue un momento crucial en la historia europea. Puso de manifiesto los peligros de un choque entre dos culturas muy diferentes. Además, los vikingos grabaron para siempre su nombre en la historia al triunfar sobre los francos. Aunque la invasión no fue un éxito rotundo, dejó su huella en todo el continente y, según algunos, su efecto aún puede sentirse (aunque solo sea en Francia). Y lo que es más importante, las tribus siguieron saqueando la costa mientras viajaban de regreso a sus asentamientos de origen. Su expansión en el imperio continuó y demostraron su destreza militar muchas veces más. Para los francos, la derrota expuso su vulnerabilidad a los ataques enemigos.

21. El *Danelaw*: Los vikingos en Inglaterra

Tras el ataque a Lindisfarne, los vikingos continuaron sus incursiones en la costa noreste del país. Saquearon otros monasterios, anunciando la era vikinga que Inglaterra (y el resto de Europa) iba a sufrir durante trescientos años. Los vikingos siguieron saqueando en suelo irlandés y escocés en los años siguientes. Con el tiempo, se cansaron de desplazarse para hacer incursiones y empezaron a conquistar tierras aprovechables. La invasión más notable fue la liderada por Ivar el Deshuesado y Halfdan Ragnarsson (ambos hijos de Ragnar). Tras lograr la enorme fuerza del Gran Ejército Pagano (como lo llamó la famosa Crónica anglosajona), los vikingos estaban listos para conquistar. Además de querer colonizar, a los hijos de Ragnar también les movía la venganza por la muerte de su padre. Según las sagas nórdicas, el rey de Northumbria mató a Ragnar sumergiéndolo en un pozo lleno de serpientes venenosas.

A la llegada del ejército vikingo, Inglaterra se dividió en cuatro reinos: Wessex, Anglia Oriental, Mercia y Northumbria. El gobernante de Anglia Oriental negoció rápidamente con los vikingos para salvarse a sí mismo y a sus seguidores. Por lo tanto, la invasión no continuó mucho tiempo allí. A cambio de salvar su reino y a sus súbditos, el rey proporcionó a los guerreros sus mejores caballos para que continuaran su campaña. Poco después, los vikingos conquistaron York, la capital de Northumbria, y los guerreros pudieron vengarse del rey. En su lugar, pusieron a un gobernante que podían manejar y fueron con su ejército en busca de más territorios.

Tras una década de conflictos, solo el reino de Wessex permaneció invicto. Estaba gobernado por Alfredo el Grande, quien, tras enfrentarse al caudillo danés y líder vikingo Guthrum en la batalla de Edington, se proclamó vencedor contra los bárbaros. Esto condujo a un acuerdo de paz temporal entre los vikingos y el reino de Wessex. Conocido como el Tratado de Wedmore, el consenso hizo que Guthrum abrazara el cristianismo (y se sometiera al bautismo) y que Alfredo se convirtiera en su padrino. Guntrum también debía retirar su ejército del reino. Poco después, Guthrum y Alfredo llegaron a otro acuerdo que delimitaba en detalle sus respectivos dominios y posibilidades comerciales, garantizando una paz más duradera.

Tras el nuevo acuerdo, las leyes y costumbres vikingas se extendieron por todo el reino, alcanzando los límites septentrionales, las tierras medias y Londres por el lado meridional. El nombre de esta región se identificó como Danelaw, derivado del término inglés antiguo *Dena lagu*, que significa «ley de los daneses».

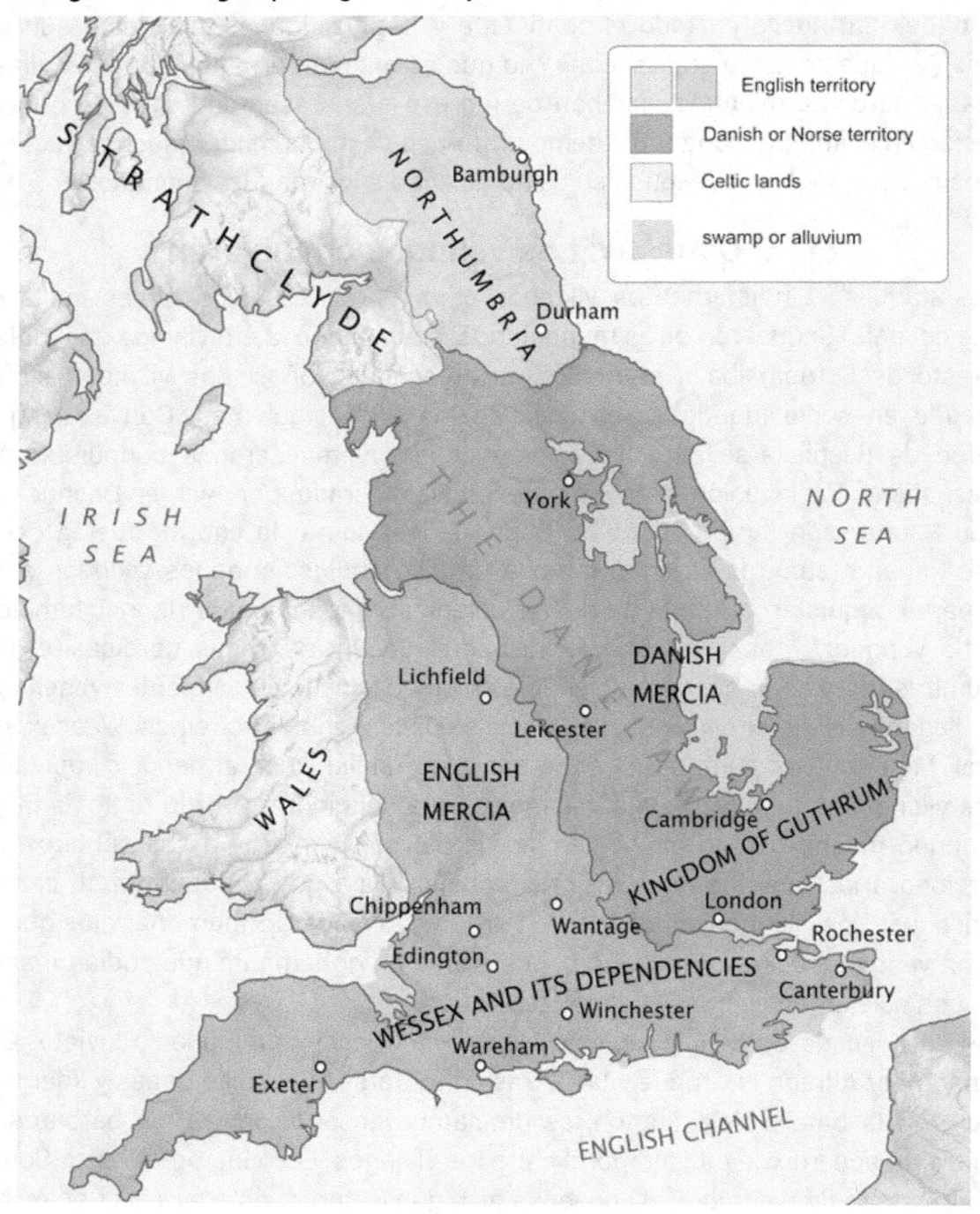

La región de Danelaw[8]

Aunque los vikingos no tenían colonias en toda esta zona, tenían bases en cinco puntos críticos del este. Estos eran Lincoln, Leicester, Derby, Nottingham y Stamford. Al principio no eran más que los puestos avanzados de cinco ejércitos vikingos que habían invadido y se habían establecido en la región. Cuando se convirtieron en ciudades, recibieron el nombre de los Cinco Distritos y fueron gobernados por condes vikingos. Aunque funcionaban por separado, todos estaban claramente bajo la autoridad directa de los reyes yorkistas.

Los anglosajones y los vikingos coexistieron durante muchas décadas, comerciando, mezclándose y creando comunidades mixtas. La lengua y los topónimos del Danelaw que perduran hasta nuestros días muestran los efectos más evidentes de su coexistencia. Por ejemplo, la palabra nórdica antigua para «aldea» fue el origen del sufijo -*by*, utilizado con frecuencia al final de los nombres de asentamientos vikingos (como Derby, por ejemplo). Otros topónimos vikingos empiezan por «*sky*» (cielo) o «*skin*» (piel). Los británicos modernos deben incluso agradecer a los vikingos las palabras «*law*» (ley) y «*wrong*» (incorrecto), ninguna de las cuales existía en inglés antiguo. Solo se incorporaron al inglés tras establecer un sistema legal en Danelaw.

Por desgracia, la paz duró un tiempo limitado. Después de casi un siglo, volvieron a surgir conflictos entre los vikingos y sus vecinos. Para entonces, Alfredo había aprovechado los acuerdos de paz para reforzar su ejército y erigir numerosos fuertes para defenderse mejor de los vikingos. Lo sucedió su hija mayor, Æthelflæd, que lideró heroicamente la lucha contra los bárbaros. Comenzó asumiendo el gobierno del reino de Mercia, donde encontró los recursos necesarios para lanzar una estrategia ofensiva contra los vikingos. Este movimiento desempeñó un papel importante en la conquista de Danelaw. En el 954 d. C., los Cinco Condados habían caído y Eric Bloodaxe, el vikingo más brutal y rey de Northumbria, fue desplazado de la región. Esto marcó el fin del Danelaw en Inglaterra.

A pesar de la erradicación de Danelaw en Inglaterra, los vikingos se mantuvieron muy activos en suelo británico. Aunque aparentemente cesaron sus incursiones y se retiraron a otros asentamientos, volvieron. Marcharon hacia las ciudades inglesas poco después de reunir a sus ejércitos y, menos de un siglo después, ya se habían apoderado triunfalmente de la nación. Sweyn Forkbeard se convirtió en el primer rey danés de Inglaterra en el 1013. Cnut el Grande, su hijo, le sucedió hasta su muerte en 1035. El último monarca vikingo, Harald Hardrada de Noruega, no fue vencido hasta que el ejército inglés al mando del monarca Harold ganó la batalla de Stamford Bridge en 1066.

Del mismo modo, su cultura dejó un legado permanente en todo el continente europeo (y más allá). Las tradiciones vikingas persistieron en la región del antiguo Danelaw mucho después de que los guerreros sufrieran su última derrota. Las décadas de coexistencia dejaron su huella en la población local, cuyo ADN sigue estando fuertemente imbuido de raíces escandinavas.

Capítulo 5: Relatos de una peste negra mortífera

Tras la repentina propagación de la pandemia más reciente, Covid-19, la gente ha rememorado hitos históricos semejantes a los desgarradores efectos de este desafortunado brote. Una de las tragedias más inolvidables de la historia de la humanidad relacionada con las enfermedades es la Peste Negra. También se conoce como la gran mortandad en referencia a la mayor tasa de mortalidad de la historia (la documentación histórica de las víctimas mortales estimadas ha variado significativamente entre 25 y 200 millones de muertes), que supuso la muerte de aproximadamente un tercio de la población.

La peste negra fue una amenaza que el continente europeo no vio venir antes del siglo XIV. La infame peste segó más vidas que ninguna guerra o enfermedad anterior. Existe la creencia popular de que las epidemias actuales se originaron en la época medieval, por lo que se dice que es una enfermedad que se ha transmitido de generación en generación de diferentes formas.

La peste negra fue una amenaza para el continente europeo[9]

Orígenes de la peste negra

Originalmente, la peste negra hizo presencia en China y otros lugares del interior de Asia. Dejó su huella en los guerreros mongoles de Kipchak Khan Janibeg cuando intentaron asediar el puerto genovés de Kaffa en Crimea (conocido hoy como Feodosiya), en 1347. La peste no los disuadió de su empeño, sino que la utilizaron como arma biológica, catapultando a sus soldados infectados y fallecidos hacia la ciudad de Kaffa, con la esperanza de que infectaran a sus habitantes.

Como resultado de las tácticas inhumanas de Janibeg, la peste negra fue transportada desde el Mar Negro por barcos genoveses que se dirigían hacia el oeste. La llevaron a los puertos mediterráneos (Mesina, Italia), infligiendo los horrores de la peste en Eurasia occidental y el norte de África durante los años siguientes.

Giovanni Boccaccio ilustró un cuadro morboso de la peste negra en el Decamerón. Decía: «Un gran número de personas expiró en la vía pública, día y noche; un gran número pereció en sus casas y solo el hedor de sus cuerpos putrefactos anunciaba la muerte a sus vecinos. Por todas partes, la ciudad rebosaba de cadáveres».

En 1350, la peste negra se había extendido por toda Europa, llegando al norte, incluyendo Inglaterra, Escocia, Escandinavia y los países bálticos.

Aunque muchos historiadores sostienen que la peste fue exterminada en 1353, hay pruebas de que reapareció varias veces entre 1360 y 1400. Se cree que llegó a Europa en oleadas desde Asia central a través de decenas de roedores afectados por el cambio climático e infestados de pulgas portadoras de la peste.

Los investigadores modernos concluyen que la enfermedad era causada por una bacteria bacilar llamada *Yersinia Pestis*. Se cree que esta bacteria no solo viajó en el lomo de los roedores, sino también a través de los humanos, hibernando en los piojos, esperando su momento para causar estragos en la Europa medieval. Los investigadores creen que la peste negra se manifestó en tres formas. La bubónica, la neumónica y la septicémica. La que se cree que más se infiltró en Europa en el siglo XIV es la peste bubónica, cuyos síntomas incluían inflamación de los ganglios linfáticos (concretamente alrededor de las axilas y la ingle), creando llagas que luego se convertían en costras negras, de ahí el nombre de peste negra. También provocaba fiebre y dolores articulares. Este tipo solía ser responsable del 30-75 % de las muertes del total de personas afectadas si no se trataba en las primeras 72 horas. Puede pensarse que este tipo de peste era catastrófico; sin embargo, los otros dos tipos (peste neumónica y septicémica) eran mortales para todos los infectados.

El impacto de la peste negra

Aunque el daño físico que esta enfermedad causó a la población de la época fue arrasador, tuvo otros efectos desagradables que remodelaron el continente durante bastante tiempo. Esta enfermedad dejó sus huellas en la economía, las instituciones religiosas, la política y las condiciones sociales. Estos relatos describen la crueldad de algunos seres humanos cuando se enfrentan a acontecimientos traumáticos.

22. Flagelantes y fanáticos: respuestas religiosas a la peste negra

Aunque se conoció la peste negra, la gente trataba a sus muertos con tanto respeto como siempre. Los dolientes montaban ataúdes y seguían los rituales tradicionales de enterramiento de sus seres queridos. Sin embargo, a medida que se hizo evidente que la enfermedad era más contagiosa de lo que nadie había pensado y que había llegado para quedarse por un tiempo, generó desespero entre la población y los funcionarios declararon que los muertos debían enterrarse en fosas comunes debido al enorme número de cadáveres y a la falta de espacio para parcelas singulares.

Debido a la escasez de tierras, el papa Clemente VI consagró el río Ródano para que pudieran deshacerse de los cadáveres en él.

Los campesinos que presenciaron la calamidad que estaba ocurriendo se sintieron mortificados. Creían que la peste era el resultado de la ira de Dios. Sus creencias estaban respaldadas por la declaración de la Iglesia católica romana, que también afirmaba esto. Suplicaron a los ciudadanos que rezaran y organizaron marchas religiosas para pedir a Dios que les librara de la enfermedad. A pesar de todos estos esfuerzos religiosos, las dudas se filtraron en la mente de la gente al ver que sus figuras religiosas (monjes, monjas y frailes) morían con la misma facilidad que el resto de la gente. En algunos lugares, los servicios religiosos y los sermones cesaron porque no había nadie para dirigirlos.

La gente empezó a refugiarse en la magia, los talismanes protectores y los hechizos. Otros quemaban incienso, pensando que el hedor de los muertos era la causa de la enfermedad. Muchos más pensaban que podían ahuyentar la enfermedad con cañonazos y campanas de iglesia.

Estas desafortunadas circunstancias allanaron el camino para el nacimiento del movimiento flagelante. Este movimiento consistía en un grupo de penitentes que viajaban juntos de un lugar a otro mientras se flagelaban en un esfuerzo por expiar sus pecados. Estos movimientos se originaron en Austria y más tarde cobraron impulso en Alemania y Francia. Aquellos fanáticos, a menudo dirigidos por autoproclamados maestros sin credibilidad religiosa alguna, tuvieron mucho que ver en la propagación de la peste. También causaron estragos en las sociedades cuando tomaron por costumbre atacar a minorías como los judíos. Como consecuencia directa de los escándalos y de la conducta vergonzosa y la actitud despilfarradora del clero, la fe en la Iglesia empezó a disminuir, lo que llevó a la gente a creer que la peste era resultado de algo paranormal.

23. Chivos expiatorios en crisis: la persecución de los judíos durante la peste negra

El miedo fue el catalizador más fuerte de estos prejuicios y agresiones. Una de las consecuencias más desafortunadas de la peste negra fue la culpabilización a la sociedad judía. Los creyentes cristianos atribuyeron la enfermedad a la magia judía, creyendo que los judíos habían envenenado deliberadamente los pozos para dañar a los cristianos utilizando la magia negra. Cada vez más gente perdía la fe en la Iglesia y buscaba explicaciones sobrenaturales; muchos dirigieron esa atención a la comunidad judía, incluidos los fanáticos del movimiento flagelante.

Algunos judíos fueron obligados a confesar mediante la tortura y, más tarde, unos veinte judíos fueron asesinados. El rey Pedro de Aragón se esforzó por reducir las hostilidades contra la comunidad judía. Sin embargo, eso no impidió los disturbios que estallaron en toda Europa contra ellos, obligando a varios monarcas a emitir órdenes de arresto.

Esta manía se extendió como pólvora en comunidades que aún no habían sido tocadas por la peste. En Chillon, no lejos de Ginebra, los judíos fueron atacados cuatro meses antes de que alguno de los lugareños cayera enfermo. Esto fue provocado por el rumor de envenenamiento de los pozos que se extendió desde las zonas afectadas.

Muchos de los crímenes cometidos contra los judíos ocurrieron en zonas donde se hablaba principalmente alemán; sin embargo, se cree que se originaron en territorios franceses y españoles. Algunos historiadores sostienen que no hubo una relación directa entre las masacres y la aparición de la enfermedad, mientras que otros afirman que la quema de judíos comenzó antes de que la enfermedad llegara a Europa. En otros relatos, los gobiernos cristianos eran los culpables de lo que se creía un meticuloso plan ejecutado para atacar a los judíos.

Había dos teorías predominantes para explicar la injusticia que sufrían los judíos. El efecto chivo expiatorio y el efecto de complementariedad. El efecto chivo expiatorio era el resultado del declive de la enfermedad, que llevó a la gente a culpar al grupo marginado de la sociedad (de forma parecida a como se señaló y culpó a los asiáticos de Covid-19 en 2020). El efecto de complementariedad se debía al enorme impacto que los judíos tenían en la economía, haciendo que los cargos que desempeñaban fueran de más poder a medida que la plaga golpeaba.

El antisemitismo se extendió casi tan rápido como la peste por parte de los ricos y poderosos que estaban en deuda con los judíos (más tarde denominados asesinos de judíos) en un esfuerzo por absolverse de sus deudas.

Al comienzo de la peste negra, se estimaba que había comunidades judías en unas 363 ciudades. Al final de la peste, se cree que casi la mitad de estas comunidades habían sido exterminadas u obligadas a abandonar sus hogares.

24. La revuelta de los campesinos y la peste

La peste negra afectó significativamente al *statu quo* social, arrasando la Europa medieval. En Inglaterra se produjo una importante escasez de trabajadores y campesinos y se calcula que el 40 % de la población pereció a causa de la peste (el punto álgido de esta mortandad se produjo entre el verano de 1348 y la primavera de 1350). Al ser una nación agrícola que dependía de la abundancia de trabajadores de clase baja, se generó una gran crisis, concretamente para los ciudadanos de clase alta de la sociedad. Cuando los trabajadores se dieron cuenta de que había una mayor demanda de sus habilidades, empezaron a negociar con sus amos para obtener mejores salarios. Abandonaron sus pueblos en busca de mejores salarios a cambio de sus servicios. Estos actos causaron gran consternación entre las clases altas que, hasta la llegada de la peste, disfrutaban de lujos y privilegios que los campesinos solo veían de lejos.

Tras muchas presiones de los señores de las tierras sobre el gobierno, se aprobó el estatuto de los peones con el beneplácito del rey Eduardo III.

Esta ley implicaba que los campesinos y obreros no debían aprovecharse de la escasez de mano de obra y pedir salarios extra, sino que estaban obligados a trabajar a cambio de los mismos salarios que habían aceptado antes de la peste negra. Estos salarios eran determinados por las personas que los contrataban. Se impuso un nuevo impuesto a todos los campesinos (hombres y mujeres), independientemente de su riqueza.

Esto causó un alboroto en las clases bajas, no solo porque limitaba sus ingresos, sino por los acontecimientos que siguieron.

Las personas que intentaban huir de sus hogares en busca de mejores salarios eran arrastradas de vuelta por la fuerza por los terratenientes. A los trabajadores que se negaban a acatar la ley les esperaban castigos físicos y cuantiosas multas por parte de los terratenientes locales. Algunos de los terratenientes intentaban convertir a la gente en siervos o villanos (arrendatarios a la antigua usanza que pagaban sus cuotas a los terratenientes mediante servicios a cambio de tierras) para ahorrar dinero y no pagar salarios.

Estos actos malvados e injustos fueron el combustible que encendió la revuelta campesina, también conocida como La Gran Revuelta. La clase baja soportó durante treinta años el decreto de la ley hasta que marcharon desde sus aldeas a Londres en mayo de 1381. Los valores cristianos según los cuales todos los hombres nacen iguales y deben ser tratados con respeto fueron utilizados por los sublevados para respaldar la campaña. Por otra parte, la institución de la Iglesia medieval fue condenada por muchos de los defectos de la sociedad.

Los plebeyos se alzaron contra las viejas ataduras que decían que las personas que habían nacido con privilegios estaban por encima de ellos y merecían más. Se repetía un cántico: «Cuando Adán cavaba y Eva zurcía, quién era entonces el caballero». Expresaba su rabia por ser tratados con desigualdad. Incendiaron edificios y liberaron prisioneros. Alguaciles y funcionarios fueron apresados y asesinados. Se incendiaron mansiones, quemando la mayoría de los registros en Maidstone, Canterbury y Rochester en un esfuerzo por destruir el señorialismo.

Cuando los aldeanos llegaron a Londres el 13 de junio, se encontraron con más plebeyos descontentos que tenían sus propias rencillas con los ricos de la ciudad. Muchos de los letrados y funcionarios de la corona se convirtieron en blanco de ataques por viejos agravios y rencores. El 14 de junio, el rey Ricardo II, que se cree que entonces solo tenía 14 años, abandonó la seguridad de la torre de Londres para reunirse con los campesinos y escuchar sus demandas en Mile End. El rey escuchó las demandas que le recitó el líder de los campesinos, Wat Tyler de Maidstone (se cree que le acompañaba otro líder, el demagogo sacerdote John Ball). Ricardo accedió a las demandas e incluso permitió a los campesinos vengarse de quien creyeran que lo merecía.

Tras esta reunión, la torre de Londres fue asaltada y el arzobispo de Canterbury, Simon Sudbury, fue capturado y ejecutado por una turba liderada por Johanna Ferrour.

Los saqueos y asesinatos continuaron durante un día más, lo que hizo que el rey convocara otra reunión con el líder de los rebeldes el 15 de junio, esta vez en un campo de Smithfield, a las afueras de Londres. Las demandas hechas en esta reunión incluyeron:

- La completa abolición de la servidumbre y de los villanos.
- Que todos recibieran derechos gratuitos de pesca y caza.
- Una retracción de la ley laboral que limitaba los aumentos salariales.
- La redistribución de las riquezas eclesiásticas, en concreto las de las grandes abadías.
- La participación de los campesinos en el gobierno.
- La única autoridad debía estar en manos de la corona y no delegarse en los terratenientes.

El resto de la reunión está envuelto en el misterio. Algunos dicen que Tyler estaba agitado y parecía tener intención de golpear al rey; otros dicen que escupió agua a los pies del rey. Como resultado, William Walworth, el alcalde de Londres, o un soldado de la guardia del rey se acercó y lo apuñaló. Se dice que huyó de la reunión y consiguió que lo llevaran a un hospital para recibir tratamiento, pero fue devuelto a Smithfield para ser ejecutado. El rey declaró a la multitud que sus demandas serían satisfechas. Afirmó que él era su líder y que debían irse a casa, ya que habían cumplido su misión. Muchos campesinos hicieron caso de sus palabras y regresaron a sus tierras; sin embargo, el rey no tenía intención de cumplirla.

En lugar de cumplir su promesa, el rey Ricardo reunió a casi 150 de los rebeldes y los ejecutó en la horca. Después hubo intentos menores de rebelión, que fueron aniquilados sin piedad, y sus cabecillas ejecutados como traidores, entre ellos John Ball, que no solo fue ahorcado, sino también descuartizado.

La cabeza de Tyler se expuso en el puente de Londres.

A pesar de lo decepcionante de este resultado, tras el breve encarcelamiento y la inexplicable muerte del rey, algunas reformas empezaron a florecer en Inglaterra. Se revocó el impuesto de capitación y las limitaciones a los salarios no se aplicaron tan estrictamente, mientras que los villanos podían comprar la libertad a sus terratenientes. Las leyes ya no servían para condenar a los campesinos a la servidumbre, sino para documentar que el jornalero había comprado efectivamente su libertad y que la tierra era suya y podía transmitirla a su linaje.

25. Un golpe al feudalismo: impactos económicos de la peste negra

De forma parecida a lo que se vive hoy en día a raíz del Covid-19, la economía tras la propagación de la peste negra se vio extremadamente inflada. La enfermedad hizo difícil e inseguro adquirir o fabricar productos debido a la cuarentena y al miedo a la infección, por lo que los precios de los productos locales y extranjeros se dispararon. Muchos hogares que habían perdido al sostén de la familia dependían de la beneficencia para subsistir, lo que puso a prueba a las entidades cívicas de los gobiernos.

Aunque la revuelta de los campesinos no concluyó en una resolución positiva para la situación económica de la clase baja, a largo plazo las cosas mejoraron un poco. Con la desaparición gradual de los siervos, los trabajadores ya no tenían que trabajar en una sola tierra y eran libres de vagar y encontrar una mejor compensación por su trabajo, lo que reconfiguró la economía agraria. Debido a la escasez de trabajadores tras la mortandad de la peste negra, si se abandonaba a un señor, se encontraba otro inmediatamente. En definitiva, el nivel de vida se elevó en todas partes. La renta per cápita y los salarios empezaron a crecer. Con el aumento de la riqueza para la clase baja llegó la capacidad de comprar más productos, lo que incrementó la producción de los bienes demandados. La posición económica de Europa tras la peste se alteró muy drásticamente en comparación con otros continentes como Asia.

26. Sobrevivir a la peste: relatos de resistencia y resiliencia

Las historias de la peste negra no son todas de desesperación y melancolía social. Algunas historias inspiran resistencia, recuperación y valor para enfrentarse a lo desconocido. La respuesta cultural a la llegada de la peste a Europa varió entre encontrar un propósito frente a las horribles circunstancias a través de la iluminación espiritual y la salvación en el más allá o a través de la lucha por la justicia y la liberación. Estos temas se afianzaron mucho en el siglo XIV.

Se pueden encontrar pruebas de la resistencia en expresiones artísticas observadas en la literatura como El Decamerón, escrito por Giovanni Boccaccio, o Los cuentos de Canterbury de Geoffrey Chaucer, inspirados durante la peste. También afectó al mundo del arte, ya que durante la peste negra se produjo una amplia colección de pinturas.

Ahora bien, es cierto que la peste tuvo un efecto mortal inmediato en la economía. En retrospectiva, sin embargo, la forma en que las comunidades se recuperaban, recogían los pedazos y volvían a montar la estructura social de una manera mejor y más justa es una prueba de que las personas afectadas por la tragedia se adaptaron a los cambios con prontitud y eficacia.

Una de las teorías más debatidas de la historia es la del «toque de luz» de la peste en las zonas meridionales de Europa. Este relato, que se considera ficticio, se centra principalmente en el sur de los Países Bajos. Sugiere que los Países Bajos no se vieron tan afectados por la peste negra como el resto de Europa; sin embargo, arroja luz sobre la facilidad con la que estas zonas consiguieron recuperar su población. Algunos creen que esto se debió a que los resistentes asentamientos urbanos permitieron que los emigrantes de las zonas rurales devastadas se refugiaran en sus tierras.

Capítulo 6: Relatos del Renacimiento

El Renacimiento es una época crucial de la historia europea caracterizada por el ascenso de familias distinguidas que transformaron el panorama cultural y político de la región. Este capítulo explora las historias de familias influyentes que dieron forma al Renacimiento italiano. Conozca su poder e influencia política, cultural y económica.

El Renacimiento es una época crucial de la historia europea que se caracteriza por el auge del panorama cultural y político[10]

Italia estaba organizada en varias ciudades-estado (como Siena, Florencia, Venecia y Nápoles) en la época en que los Medici ascendieron al poder. Los Medici alcanzaron el poder en Florencia en 1434, cuando comenzó el Renacimiento, y gobernaron durante más de seis décadas. Las familias adineradas de este lugar cultural y próspero se permitían apoyar a los artistas emergentes, un comportamiento que la familia Medici respaldaba.

Los Medici figuran entre las familias más influyentes de la historia europea. Establecieron Florencia como centro cultural, transformaron el sector bancario, llevaron a cabo reformas políticas y fueron mecenas de las artes, dando lugar al Alto Renacimiento, que fue un periodo de florecientes esfuerzos artísticos.

27. Avances en la banca y las finanzas

Cosimo el Viejo construyó el banco de los Medici en Florencia, que más tarde se expandió a otras ciudades-estado e incluso a ciudades extranjeras como Bruselas y Londres. Las sucursales de los países vecinos permitieron al papado encargar mercancías de fuera de Italia.

La ubicación estratégica de las sucursales, junto con la invención de herramientas financieras transformadoras, los convirtió en pioneros del sector bancario. Por ejemplo, introdujeron el sistema de contabilidad por partida doble, hoy considerado un principio básico y fundamental de las finanzas y la contabilidad. Los pagos transcontinentales eran arriesgados en aquella época, un problema del que los Medici se ocuparon inventando las cartas de crédito, que servían como prueba de un pago aún por recibir.

Mecenazgo y florecimiento artístico

La familia Medici ayudó a establecer algunos de los monumentos italianos más populares como la Basílica de San Pedro, la Capilla Sixtina y el Duomo de Florencia gracias a su mecenazgo, sus relaciones y sus estrategias políticas. Florencia no tenía la fuerza militar de otras ciudades-estado italianas, lo que la hacía vulnerable a los ataques. El hecho de que los Medici fueran hábiles diplomáticos ayudó significativamente a su posición.

Cosimo el Viejo negoció brillantemente su camino a través de una serie de guerras en Lombardía, a las que puso fin porque sabía que el enfrentamiento perjudicaba al comercio. Ayudó a todos los estados a llegar a un acuerdo sobre el territorio que Lorenzo de Medici, su sucesor, mantuvo vivo. Lorenzo era querido por el pueblo porque liberaba esclavos y realizaba otros actos bondadosos.

Algunos sugieren que la obra de Botticelli *Palas y el centauro* fue realizada en honor a Lorenzo, ya que su habilidad negociadora también protegió a Florencia y su independencia de ciudades con ejércitos poderosos. Lorenzo encarnaba la sabiduría de Palas Atenea y Florencia representaba la fertilidad de la humanidad, simbolizada por el centauro. Lorenzo fue también uno de los mecenas artísticos más destacados de los Medici, ya que apoyó a artistas importantes como Miguel Ángel y Botticelli.

Lorenzo de Medici conoció a Miguel Ángel mientras estudiaba en la Academia de San Marcos. A pesar de ser un adolescente en aquel entonces, el artista impresionó a Lorenzo con su habilidad para la talla y logró que lo invitara a quedarse durante dos años. Durante su estancia, Miguel Ángel se convirtió en alumno de Donatello y entabló una amistad duradera con los hijos de Lorenzo, que más tarde se convertirían en los papas Clemente VII y León X. Más tarde, el artista recibió el encargo de pintar las paredes superiores de la Capilla Sixtina por parte del papa Julio II y regresó 25 años después para pintar el Juicio Final. Donatello también recibió el encargo de crear el mundialmente conocido David de bronce, el Judith y Holofernes.

Evolución arquitectónica

El primer duque de Toscana, Cosimo I de Medici, estableció inicialmente la Galería Degli Uffizi como centro administrativo de la familia. Sin embargo, se transformó en una galería de arte pública en la que se exponían numerosas obras notables, como «El nacimiento de Venus» de Botticelli y «Laocoonte y sus hijos» de Bandinelli.

Cosimo el Viejo encargó la construcción del Duomo de Florencia, que sufrió numerosos retrasos debido a los problemas técnicos a los que se enfrentaron los arquitectos al construirlo sin contrafuertes góticos. Sin embargo, Brunelleschi demostró que podía construir la cúpula sin andamios, creando una de las estructuras más altas del mundo. El papa León X también supervisó la construcción de la Basílica de San Pedro, un proyecto cuestionado por Martín Lutero.

Las conspiraciones y la resistencia que inspiraron una obra interesante

En 1478, Giuliano de Medici y Lorenzo el Magnífico fueron atacados durante una misa pública. Mientras el primero murió, Lorenzo sobrevivió con heridas. Al presenciar el intento de asesinato, los ciudadanos enfurecidos capturaron y mataron a los conspiradores. La familia Medici permaneció en el poder y el acontecimiento se conmemoró en el arte.

Más tarde, la familia Medici se exilió a Roma entre 1494 y 1512 por cuestiones políticas y fue sustituida por una familia antimedici. La estatua de David, encargada inicialmente con fines religiosos, se colocó en el ayuntamiento. El gobierno orientó el ojo de David en dirección a Roma, dándole un nuevo significado político.

Durante el exilio de los Medici, Maquiavelo, teórico y diplomático, se relacionó con figuras antimedici. Por ello, fue incluido en la lista de conspiradores de los Medici en cuanto regresaron a Florencia. El filósofo fue torturado y encarcelado, pero finalmente se libró de la ejecución gracias al papa León X. Más tarde, Maquiavelo dedicó «El

Príncipe» al siguiente gobernante de los Medici con la esperanza de asegurarse un puesto en la corte. Valga decir que sus esfuerzos fracasaron.

Avances en el mundo de la ciencia, la música y la moda

El primer duque de Toscana publicó un libro sobre sus descubrimientos con telescopios, que incluía la observación de las lunas de Júpiter, en 1610, después de haber sido tutelado por Galileo Galilei. La familia también realizó avances musicales, que incluyeron el apoyo financiero a importantes teatros de ópera. Bartolomeo Cristofori inventó el piano mientras trabajaba en la corte de la familia.

Catalina de Medici también realizó avances en el mundo de la moda y los deportes ecuestres. Encargó un par de zapatos de tacón alto porque quería parecer más alta, estableciendo la moda de estos zapatos como símbolo de riqueza y estatus. Fue una decisión audaz porque, en aquella época, los tacones altos eran populares entre los carniceros que querían evitar mancharse los pies de sangre. La noble también popularizó la equitación lateral para que más mujeres pudieran montar sin sentirse expuestas.

Los últimos Medici

El linaje de los Medici terminó con Gian Gastone de Medici, último gran duque de Toscana, que no tuvo herederos varones. Ana María Luisa de Medici comprendió que Francisco de Lorena heredaría el poder en Toscana y que todos los bienes de su familia pasarían automáticamente a sus manos. Ella, por lo tanto, declaró que todo lo que perteneciera a su familia permanecería en Florencia para adornar la ciudad, beneficiar a su gente y atraer a los extranjeros.

28. La familia Borgia: un papado manchado por el escándalo

La familia Borgia es una de las familias nobles italianas más famosas y controvertidas del Renacimiento. Los Borgia procedían del reino español de Valencia y se trasladaron a Italia. Su reinado influyó significativamente en la historia de Italia y de la Iglesia católica. A pesar de sus escandalosas historias y controversias, la familia apoyó a varios artistas e intelectuales de la época.

El ascenso al poder de los Borgia

Alfonso de Borgia se licenció en derecho canónico y civil, cultivando una exitosa carrera en el campo de la política, además de investirse en la Iglesia. Fue representante diocesano y ascendió hasta convertirse en secretario y vicecanciller del rey Alfonso V de Aragón. Después fue regente interino cuando el rey fue a conquistar Nápoles.

Alfonso se ganó el reconocimiento de Roma y llegó a ser sacerdote y obispo cuando negoció con un papa rival. Unos años más tarde, Alfonso viajó a Nápoles para reorganizar el gobierno antes de representar a Aragón en un concilio para reconciliar las iglesias occidentales y orientales. Aunque fracasó, se consagró como un diplomático magistral.

Alfonso desempeñó un papel crucial que ayudó al rey a negociar la aprobación papal para su gobierno en Nápoles, por lo que fue recompensado con el título de cardenal en 1444. Un año más tarde, se trasladó a Roma a la edad de 67 años. A diferencia del resto de su familia, era un hombre honesto, sobrio y dedicado, que más tarde creó una reputación escandalosa. Uno de los sobrinos de Alfonso, Rodrigo, estudió derecho canónico y acabó trabajando para la Iglesia. Aunque tenía un trabajo apreciado, era tristemente célebre por sus aficiones románticas. El otro sobrino de Alfonso se convirtió en comandante del ejército.

El ascenso de Alfonso al papado

El mismo año de su regreso a Roma, Alfonso fue elegido papa porque no estaba involucrado con ningún grupo importante y su edad sugería un reinado corto. Al recibir el título, Alfonso cambió su nombre por el de Calixto III. Como español gobernando en Roma, Calixto tuvo varios enemigos. Siguió una estrategia de gobierno prudente para evitarlos, así como a los principales grupos de la ciudad. Sin embargo, no recibió una cálida bienvenida, ya que el pueblo se amotinó en su primera ceremonia. También rompió con el rey Alfonso V tras ignorar su petición de ir a una cruzada.

Calixto promovió a su familia, nombrando cardenales a Rodrigo y a su hermano mayor, Pedro, y asegurando una serie de cargos para otros miembros. Con veintitantos años, los hermanos no se tomaron en serio sus cargos y protagonizaron actos que escandalizaron a la ciudad. Rodrigo fue nombrado legado papal en otra ciudad, cargo en el que demostró éxito y talento. Más tarde se convirtió en el segundo al mando de la iglesia. Pedro también cambió de puesto y se le concedió el mando de un ejército. También él era muy hábil y ascendió a prefecto y duque.

Pedro fue en misión a conquistar Nápoles cuando murió el rey Alfonso V. Muchos creen que Calixto planeó que Pedro gobernara Nápoles. Sin embargo, Pedro tuvo que luchar con sus rivales por la jurisdicción de Nápoles y pronto murió de malaria. La muerte de Calixto se produjo en 1458.

Rodrigo finalmente se convierte en papa

Rodrigo intervino en la elección de Pío II como próximo papa. Sin embargo, sabía que corría peligro por ser un joven español sin mecenas. Decidió entonces establecerse como un aliado destacado del papa y se aseguró el puesto de Vicecanciller. Rodrigo era capaz de mostrarse digno del título. Sin embargo, lo que pudo más que su habilidad fue su amor por el dinero y las mujeres. Por ello, no siguió los pasos de su difunto tío e incluso fue reprendido por el papa por su conducta inapropiada y sus aventuras románticas. En lugar de tomárselo como una seria advertencia y centrarse más en su carrera, Rodrigo intentó ser más discreto. A pesar de su cautela, tuvo muchos hijos. César, nacido en 1475, y Lucrecia, que vino al mundo cinco años después, fueron los más notables.

El papa Pío II murió en 1464, y Rodrigo volvió a influir en la decisión de la elección del siguiente papa: Pablo I. Unos años más tarde, Rodrigo fue enviado a España con la autoridad de aprobar o rechazar el matrimonio de Fernando e Isabel. Aprobar su matrimonio significaba que estaba de acuerdo con la unión que se formaría entre las regiones españolas de Aragón y Castilla; si negaba el matrimonio, negaría la unión entre las regiones.

Rodrigo aceptó el matrimonio, ganándose el apoyo del rey Fernando. También utilizó su posición para nombrar duque a su hijo y casar a sus hijas estratégicamente. En lugar de elegir a Rodrigo como papa, los cardenales eligieron a Inocencio VIII. Rodrigo hizo todo lo posible para llegar al trono. Incluso se ganó el apoyo de Inocencio, que provocó mucho caos antes de morir. Rodrigo siguió sobornando a personas en posiciones de poder hasta que finalmente alcanzó el papado. Entonces fue rebautizado como Alejandro VI.

El papa Alejandro VI

Sorprendentemente, el papa Alejandro VI se ganó el apoyo del público. Aunque era un hábil diplomático, llevaba un estilo de vida ostentoso y hedonista. Alejandro no podía separar su posición y riqueza de su familia, por lo que su hijo pronto fue nombrado cardenal. El resto de su familia llegó y se estableció por toda Italia para cosechar su parte de las recompensas. Aunque el nepotismo era habitual en el papado, Alejandro llegó muy lejos en el abuso de su posición.

Tuvo varias amantes y aventuras, lo que manchó la imagen de la Iglesia. El desorden aumentó cuando sus hijos empezaron a tener problemas con las familias con las que se casaban. Alejandro trató de salvar la situación mediante negociaciones, que incluyeron el matrimonio de Lucrecia, que entonces tenía 12 años, con Giovanni Sforza. Más tarde se alejó de la pareja cuando Giovanni se opuso a él.

Alejandro se retiró a un palacio en lugar de huir cuando el rey Carlos VIII de Francia invadió Italia. Creyó que podría negociar un compromiso que garantizara su vida junto con un papado independiente. Francia se hizo con el control de Nápoles y Alejandro contribuyó a que el resto de Italia se uniera. Sin embargo, supo que era el momento de huir cuando el rey Carlos regresó a Roma.

César Borgia

En 1498, el papa Alejandro formó una alianza con el nuevo rey francés, Luis XIII, concediendo a César el título de duque de Valencia. César también se casó con la familia del rey y ganó un ejército. El duque regresó a Italia, iniciando una notable carrera militar, y nunca volvió a ver a su mujer embarazada y a su hijo.

El éxito militar de César le otorgó poder sobre su padre.[11]

El éxito militar de César le otorgó poder sobre su padre, y quienes querían concertar citas con el papado encontraban más económico hablar con él que con Alejandro. César obtuvo el título de capitán general del ejército de la Iglesia. Sin embargo, mucha gente le atribuyó la muerte del marido de Lucrecia, junto con otros asesinatos sin resolver. Las conquistas de César dejaron a la familia el control de una gran cantidad de tierras. Lucrecia también fue enviada a casarse con Alfonso d'Este para asegurar la estrategia de César.

La caída de los Borgia

César pronto reconoció que su alianza con Francia ya no era beneficiosa. Después de planear todo lo necesario para separarse, su padre murió de malaria en 1503. Alejandro era su benefactor; sus tierras aún no estaban unidas y, además, estaba muy enfermo. César se vio obligado a huir después de que sus enemigos regresaran del exilio para luchar. El nuevo papa lo arrestó. También expulsó a la mayoría de los Borgia de sus cargos y controló a los demás. Tras ser liberado, César se dirigió a Nápoles, donde Fernando de Aragón volvió a arrestarlo. Consiguió escapar dos años después, pero terminó asesinado en 1507, cuando sólo tenía 31 años.

Lucrecia Borgia

Lucrecia hizo las paces con su marido y la familia de este. También se reconcilió con su estado, donde se convirtió en regente y asumió cargos en la corte. Patrocinó a varios artistas, creando una corte de gran belleza y cultura. Supervisó el Estado incluso durante la guerra. Fue muy querida por el pueblo y murió en 1519, a los 39 años.

29. Los Sforza de Milán: guerreros y mecenas

La familia Sforza fue conocida inicialmente con el nombre de Attendoli. Esta humilde familia italiana engendró a quienes más tarde estarían entre las dos fortunas más populares, dando lugar a una dinastía cuyo reinado se prolongó durante casi un siglo. Los Attendoli eran una acaudalada familia de campesinos que asumieron el apellido Sforza, que se traduce por fuerza, cuando llegó Muzio Attendolo, el fundador de la dinastía. Tanto Muzio como su hijo Francesco eran comandantes del ejército mercenario. Francesco fue nombrado duque de Milán al casarse con Bianca, la hija del duque Filippo Maria Visconti, en 1450.

Francesco Sforza, mecenas del arte y la arquitectura

Francesco y Bianca dieron a luz a Galeazzo Maria Sforza en 1444. Tres años más tarde, el duque Filippo Visconti murió sin heredero varón legítimo. Los milaneses pensaron que era una oportunidad para establecer la República ambrosiana, que más tarde cayó debido a una crisis financiera. Contrataron a Francesco para mantener el orden en Milán. Sin embargo, él decidió aprovecharse de la situación y aliarse con Venecia. Pidió dinero prestado a la familia Medici para establecer tropas fuertes y sitió Milán hasta que el nuevo gobierno se rindió en 1450.

Contrató a Filatrete, que escribió un tratado representándose a sí mismo como arquitecto, y con Francesco, el mecenas, conversaron sobre una ciudad ideal llamada Sforzinda. Francesco ordenó la continuidad de los proyectos que los Visconti habían iniciado y encargó la creación de otros nuevos. Siguió apoyando la construcción de la catedral de Milán y la Certosa di Pavia. También encargó el Hospital Mayor y una iglesia en el monasterio de Santa Maria delle Grazie.

Galeazzo Maria Sforza

Galeazzo Maria Sforza demostró ser un gobernante capaz tras la muerte de su padre en 1466. Aunque se le consideraba ostentoso, autoritario y extravagante, Galeazzo Maria era muy bueno en su trabajo. Fue responsable de muchos proyectos que apoyaron el campo de la agricultura, como la construcción de canales de irrigación y transporte y la introducción del cultivo del arroz. También desempeñó un papel importante en el impulso del comercio y el fomento de la fabricación de textiles como la lana y la seda. Galeazzo también contribuyó al enriquecimiento de la cultura milanesa patrocinando a varios poetas, músicos, eruditos y artistas. Algunas insuficiencias en su estrategia política provocaron el aislamiento de Milán. Fue asesinado por tres conspiradores en Navidad.

Ludovico Sforza

Ludovico Sforza, hermano de Galeazzo, desempeñó un gran papel en el avance de las artes y la política durante el Renacimiento. Se casó con Beatrice d'Este, que murió al dar a luz a sus dos hijos en 1497. Ludovico intentó establecer una alianza con Francia para desestabilizar a sus enemigos, animando al rey Carlos VIII a invadir el resto de Italia. Sin embargo, la diplomacia no era su fuerte y su pacto desembocó en la ocupación francesa de Milán en 1499. Finalmente, murió mientras era prisionero de los franceses en 1508.

A pesar de su caída política, Ludovico fue un importante mecenas de las artes. Le encargó a varios artistas importantes como Bramante y Leonardo da Vinci, proyectos destacados como *La última cena*. También encargó numerosos proyectos arquitectónicos, como la renovación de varias iglesias milanesas y la construcción de la Piazza Ducale de Vigevano.

Los Medici, los Borgia y los Sforza se cuentan entre las familias más importantes del Renacimiento italiano. Su poder y sus contribuciones dejaron una influencia duradera en la región. Los Medici fueron generosos mecenas de las artes y pioneros de conceptos financieros transformadores que convirtieron a Florencia en un centro cultural. Aunque los Borgia fueron controvertidos, desempeñaron un papel clave en el apoyo a varios artistas y eruditos, y los Sforza configuraron el paisaje político, arquitectónico y artístico de Milán.

Capítulo 7: Relatos de exploración y expansión

La expansión y la exploración hicieron que el mundo pareciera mucho más pequeño y accesible. La formación de nuevos países como Estados Unidos se debe a que la era de la exploración permitió que se formaran nuevas culturas únicas en diferentes partes del mundo. Además, la expansión, junto con el desarrollo de nuevas tecnologías, creó el mundo globalizado de hoy en día. Por mucho que se admire el espíritu aventurero de quienes descubrieron nuevas partes del mundo, no se pueden pasar por alto las atrocidades que se cometieron en nombre de los imperios y la religión.

Por lo tanto, es esencial explorar honestamente cómo el mundo europeo interactuó con los pueblos indígenas y cómo la riqueza del mundo occidental creció gracias a la exploración. La compleja relación entre el descubrimiento y las identidades étnicas y religiosas puede contarse a través de las historias de los exploradores que salieron de Europa hacia lo desconocido. Profundizar en los detalles de las historias de expansión de la época imperialista revela cómo se dividió el mundo y cómo influyó esto en la cultura moderna. La colonización y la conquista son partes centrales de la historia europea que permiten contrastar a la perfección los puntos más altos y más bajos del impulso humano por explorar.

30. Colón y el descubrimiento del Nuevo Mundo

Resulta un tanto equívoco afirmar que Cristóbal Colón descubrió América; sin embargo, eso no resta mérito a la increíble hazaña que supuso el viaje de expansión hacia estos territorios desconocidos. Colón fue el primer europeo que pisó América. El descubrimiento del continente ayudó a España a aumentar exponencialmente su riqueza. Además, fue el inicio del proyecto de construcción de Estados Unidos, que el mundo ha visto crecer hasta convertirse en la superpotencia internacional que es hoy.

Cristóbal Colón descubrió las Américas[12]

Las rutas de navegación hacia Asia, donde se podía comerciar con recursos valiosos como las especias, estaban controladas en aquella época por el Imperio otomano. El viaje de Colón pretendía encontrar una ruta hacia Asia navegando hacia el oeste desde Europa. Colón era natural de Italia, pero su viaje fue patrocinado por los reyes católicos españoles, inspirados porque habían derrotado a los moros en Granada. El renovado espíritu nacional dotó al Imperio español de aspiraciones aventureras. El 3 de agosto de 1492, Colón partió de las costas de España en tres naves: la Santa María, la Pinta y la Niña.

El 12 de octubre, Colón tocó tierra por primera vez en las Bahamas, que creía que eran las Indias. Nombró la isla San Salvador y la reclamó para España. El viaje de Colón continuó hasta llegar a Cuba, pensando que era la China continental. Viajó a Haití y la República Dominicana, suponiendo erróneamente que las islas eran Japón. Bautizó las islas con el nombre de La Española, donde estableció una pequeña colonia de 39 hombres. En marzo de 1493, el explorador regresó finalmente a España con cautivos de las tierras recién descubiertas, así como oro y especias. A su regreso, Colón recibió los mayores elogios.

Colón volvió al Nuevo Mundo otras tres veces, en 1493, 1498 y 1502, antes de morir en 1506. El oro que adquirió lo convirtió en un hombre rico y su proyecto ayudó a transformar España en una de las naciones más ricas del siglo siguiente. Se puede afirmar que Europa no habría podido establecerse como una fuerza global sin la valiente aventura de Colón en el Nuevo Mundo. Colón fue una de las figuras clave de la era de las exploraciones y se considera una inspiración para muchos por aventurarse valientemente en lo desconocido. Su influencia en la región que descubrió puede sentirse aún hoy, con islas como Haití y gran parte de Sudamérica que son mayoritariamente católicas.

Aunque muchos honran a Colón como gran explorador y pionero de la excelencia europea, sus logros no están exentos de polémica. Muchos destacan hoy que su trato a los nativos fue atroz e inaceptable. Como los nativos de las islas no practicaban el catolicismo, Colón los consideraba paganos dignos de ser maltratados en nombre del Señor. Se consideraba su superior y creía que debía educarlos religiosamente. El 12 de octubre se celebra el día de Colón, pero debido a las controversias relacionadas con la expansión del Imperio español, algunos optan por celebrarlo como día del indígena, para honrar también a los nativos.

31. Vasco de Gama: el descubrimiento de la ruta marítima a la India

Vasco Da Gama fue el primer europeo en encontrar una ruta oceánica de Europa a la India[13]

Vasco Da Gama fue el primer europeo en encontrar una ruta oceánica de Europa a la India. El viaje de Da Gama siguió al de Bartolomé Díaz, que había navegado desde Portugal a lo largo de la costa de África Occidental hasta lo que hoy se conoce como

Sudáfrica. Díaz solicitó completar el viaje rodeando el extremo sur de África hasta la India, pero la corona encargó el viaje a Da Gama. El objetivo del viaje era evitar las rutas comerciales terrestres que históricamente se habían utilizado para el comercio entre África, Oriente Medio e Italia. Además, Da Gama y la corona portuguesa creían que podrían aliarse con las naciones cristianas contra los imperios islámicos de Oriente Medio y el norte de África.

La expedición de Da Gama comenzó en 1497. Llegó a la costa suroeste de la India en 1498. Para el traicionero viaje de Da Gama se construyeron dos nuevos barcos, a los que se sumaron otros dos. Da Gama capitaneaba el Sao Gabriel y su hermano Paulo Coelho estaba al mando del Sao Rapahel. El mayor de los cuatro barcos estaba capitaneado por otro hermano de Da Gama, Nicolau Coelho. El cuarto barco se llamaba Berrio y podía transportar 200 toneladas de mercancías. El gran tamaño del Berrio permite hacerse una idea de la envergadura que se pretendía dar a la operación para explotar esta ruta comercial recién labrada.

La estrategia de Díaz se diferenciaba de la de Da Gama en que él permanecía cerca de la costa, luchando contra las aguas bravas y los vientos furiosos, mientras que Da Gama se adentraba más en el océano, donde aprovechaba los vientos favorables a su viaje. Cuando Da Gama llegó al sur de África, el 22 de noviembre, a la zona que hoy se conoce como Mossel Bay, la tripulación decidió desmantelar el barco más grande y repartir las provisiones y la tripulación entre los tres barcos que quedaban.

Navegar en aquellos días no era tarea fácil. La tripulación subsistía a base de galletas endurecidas que golpeaban contra los duros suelos de madera de los barcos para sacar los bichos. Estas galletas casi incomestibles se complementaban con un chorrito de aceite de oliva y un chorrito de agua. Algunos días comían ternera salada o cerdo; otros, arroz o queso. Solo los miembros de mayor rango de la tripulación podían disfrutar de algunos frutos secos. La dieta escasa en nutrientes hizo que muchos tripulantes desarrollaran escorbuto, una enfermedad causada por la falta de vitamina C. Cuando llegaron a la costa este de África, en Mobassa, el 7 de abril, fueron asistidos por lugareños que sabían cómo curar la enfermedad. Los miembros de la tripulación que padecían escorbuto recibieron naranjas antes de recuperarse totalmente para continuar la misión.

Da Gama llegó a la India el 18 de mayo de 1498. Sus barcos se llenaron de especias raras, como pimienta y canela, antes de emprender el viaje de regreso a Europa. Muchos más miembros de la tripulación murieron de escorbuto en el viaje de vuelta, porque esta vez no pudieron recibir tratamiento. El segundo viaje de Da Gama, en 1502, fue menos diplomático, ya que el explorador llegó sediento de sangre. La labor de Vasco Da Gama y Cristóbal Colón impulsó a Europa hacia la era del imperialismo, ya que muchas naciones del continente comenzaron a conquistar el mundo.

32. El Tratado de Tordesillas: el reparto del mundo

El Tratado de Tordesillas se firmó para repartir las Américas entre dos de las mayores superpotencias de la época, España y Portugal. Los descubrimientos de Colón supusieron nuevas oportunidades de expansión para los imperios con el fin de aumentar su influencia y riqueza. Como estos nuevos territorios estaban sin reclamar en el mundo europeo, se abrieron las puertas a conflictos y desacuerdos. La Iglesia católica tenía mucho poder en aquella época, así que los gobernantes españoles, la reina Isabel I y el rey Fernando II, pidieron ayuda al papa Alejandro VI para reclamar estas nuevas tierras sin la interferencia de Portugal ni de ningún otro reino cristiano poderoso.

El papa emitió una bula en la que trazaba una línea divisoria que abarcaba unas 320 millas al oeste de las islas de Cabo Verde. España podía reclamar las tierras situadas al oeste de la línea, mientras que Portugal podía conquistar las situadas al este de la demarcación. Además, el papa declaró que las tierras propiedad de la Iglesia no debían tocarse. El rey Juan II se mostró insatisfecho con el acuerdo, porque creía que la bula ataba de manos a su reino a la hora de reclamar las tierras recién descubiertas en el nuevo mundo que Colón había revelado. Además, el rey alegaba que no había suficiente espacio en el mar para moverse libremente entre el continente africano y Europa.

Para responder a las preocupaciones del Imperio portugués, se organizó una reunión en Tordesillas (España). Los embajadores de España y Portugal acordaron desplazar la línea divisoria a 1185 millas al oeste de Cabo Verde. En 1506, el papa Julio II sancionó el cambio de posición de la línea. Este cambio permitió a Portugal conquistar Brasil, que más tarde fue descubierto por Pedro Álvarez Cabral (por eso los brasileños modernos son lusófonos; el territorio portugués se expandió hacia el interior de Sudamérica).

Como las poblaciones nativas de América no eran cristianas, se permitió su conquista. La estipulación que añadió el papa Alejandro VI decía que España y Portugal no podían derrocar a ningún rey cristiano. El tratado era entre España y Portugal, por lo que el acuerdo no tenía en cuenta a otros imperios europeos como el británico y el holandés. Sin embargo, otras superpotencias europeas solo reclamaron tierras en el nuevo mundo mucho más tarde. Teniendo en cuenta que las culturas indígenas como los aztecas, los incas y los taínos no tenían un rey cristiano, sufrieron violentamente durante este período colonial.

33. Los conquistadores y la caída de los imperios: los aztecas y los incas

El Imperio inca se formó con la conquista de tribus vecinas en Perú. En 1533, el imperio abarcaba vastas tierras y era el mayor del mundo. Al igual que sus homólogos europeos, los incas utilizaron la religión para conquistar porque su cosmología afirmaba que tenían un derecho divino a gobernar. Los incas creían que eran un pueblo elegido descendiente de su deidad solar, Inti. Los incas estaban al borde del colapso cuando llegó el explorador y conquistador Francisco Pizarro. Las tribus conquistadas bajo el Imperio inca no podían integrarse, lo que provocaba disturbios civiles, y las enfermedades europeas, a las que los incas no eran inmunes, asolaban a la población.

Pizarro y sus fuerzas españolas pudieron derrotar fácilmente a los incas gracias a la superioridad de las armas europeas, así como a la inclinación local a rebelarse contra sus opresores incas. La colaboración con los guerreros locales permitió a los europeos derrocar al poderoso Imperio inca en una sola generación. Los incas poseían enormes riquezas y habitaban en un Perú repleto de recursos. Por ello, los conquistadores tenían sobradas motivaciones para conquistar la región.

Francisco Pizarro y su compañero Diego de Almagro no habían alcanzado el renombre que anhelaban en su propio país como aventureros y buscadores de tesoros. El descubrimiento de las riquezas sudamericanas les brindó la oportunidad de hacerse un nombre. Habían visto cómo otros conquistadores amasaban fortunas en México, así que se propusieron emular y recrear ese éxito. La inestabilidad política de los incas hizo que España pudiera conquistar la zona en 1514; sin embargo, la transición no fue tranquila, porque los españoles también sufrieron luchas internas que provocaron el asesinato de Pizarro.

Al igual que los incas, los aztecas fueron una nación conquistadora. Esta nación controlaba unos quinientos estados diferentes que debían pagar tributos a sus gobernantes aztecas. Además, practicaban sacrificios humanos, lo que generó resentimiento entre algunos de los grupos sometidos al imperio. Hernán Cortés supo practicar la diplomacia para conseguir el apoyo de las fuerzas rebeldes al mando de varios jefes. Capturaron la capital azteca de Tenochtitlan con la ayuda de combatientes locales. La viruela también desempeñó un papel importante en la devastación de gran parte de la población indígena.

El drama histórico no terminó cuando Cortés tomó la capital. Un grupo de españoles fue enviado a México con órdenes de arrestar a Cortés a su llegada. Cortés derrotó al grupo de arresto con un ataque sorpresa y convenció a muchos de los soldados para que le ayudaran en sus ambiciones de conquistar el Imperio azteca. Sin embargo, el oficial Pedro de Alvarado, a quien Cortés había dejado al mando, había masacrado a muchos de los aztecas mientras sus líderes estaban fuera. Las acciones de De Alvarado provocaron la rebelión de los lugareños. Se ordenó al emperador Moctezuma, aliado azteca de Cortés, que pusiera fin a la rebelión de inmediato, pero había perdido el favor de su pueblo y era incapaz de influir en él con eficacia. El emperador murió intentando detener los disturbios. Finalmente, el Imperio azteca se derrumbó por completo bajo el dominio español debido a la superioridad del armamento europeo y a la muerte causada por las enfermedades extranjeras. Esta es la razón por la que los mexicanos modernos hablan español.

34. La trata de esclavos: un capítulo oscuro de la exploración

La trata transatlántica de esclavos es una de las manchas más oscuras del desarrollo del mundo occidental. Las atrocidades deshumanizadoras cometidas durante la trata de esclavos son casi inimaginables en el mundo moderno, donde las personas están protegidas por consideraciones de derechos humanos. La esclavitud era una práctica común cuando la trata transatlántica de esclavos comenzó a llevar personas de ascendencia africana al Caribe y a las Américas. El comercio de seres humanos se extendió desde el siglo XVI hasta el XIX. Gran parte de las economías de las naciones europeas se apuntalaron con el comercio de personas esclavizadas, por lo que los pueblos africanos fueron parte integral de la historia europea desde sus cimientos.

Mucha gente tiene una imagen irreal de cómo se desarrolló el comercio de esclavos. Los europeos no corrían por África acorralando a la gente para venderla. Los traficantes de esclavos hacían trueques con africanos que capturaban a personas, las esclavizaban y cambiaban con ellos por metales, municiones, abalorios y otros bienes. En 1444, los merodeadores portugueses pretendían entrar en Senegal con sus armas superiores para capturar a la gente esclavizada del país. Sin embargo, los senegaleses eran ávidos navegantes y lograron superar a los europeos en las aguas poco profundas de la costa. Por lo tanto, los negreros portugueses se vieron obligados a comerciar con los africanos en lugar de recurrir a la acción militar. A medida que aumentaba la demanda europea de personas esclavizadas, se empezaron a avivar las guerras entre grupos rivales en África, lo que facilitó la captura de más personas para vender. Se calcula que todo el comercio de esclavos capturó a más de quince millones de africanos. Además, varias generaciones nacieron en cautiverio y fueron comercializadas como mercancías.

El comercio de esclavos estaba justificado por la religión, ya que muchos pastores predicaban sermones sobre cómo los hombres tienen dominio sobre las bestias. En esta percepción del mundo, los africanos esclavizados eran vistos como animales comparables al ganado. Esta deshumanización de los africanos esclavizados se tradujo en un trato terrible, ya que eran golpeados, torturados y a veces luchaban para entretenimiento de sus amos europeos. Las repercusiones negativas de la trata de esclavos se siguen experimentando hoy en día, ya que muchas personas de la diáspora africana ocupan posiciones socioeconómicas más bajas en la sociedad global. Este impacto social es el resultado de la opresión generacional que descarriló el desarrollo de los africanos en el extranjero, mientras que la colonización desestabilizó a los pueblos del continente.

La exploración, la expansión y la colonización son temas complejos de tratar. Gran parte de lo que se disfruta en el mundo desarrollado es resultado de esta conquista. Sin este capítulo de la historia, es posible que Europa y Estados Unidos, tal y como los conocemos hoy, nunca hubieran existido. Por lo tanto, hay que caminar por el filo de la navaja entre los héroes aventureros que son honrados y celebrados y la condena de algunas de sus acciones más oscuras.

Un error frecuente es sopesar las acciones del pasado con las normas morales o éticas actuales. La era de la conquista era una época diferente en la que se entendía el mundo de una forma completamente ajena a la sensibilidad moderna. Por lo tanto, por mucho que se condenen las acciones asesinas, genocidas y opresivas de los viajeros, conquistadores y colonos europeos, también es importante señalar que fue un paso hacia el desarrollo de las percepciones más humanas que se tienen ahora.

La valentía necesaria para aventurarse en un mundo desconocido por mares traicioneros, sufriendo incomodidades indecibles, es admirable. No hay que olvidar a las personas que tuvieron el valor de emprender estos viajes de descubrimiento, pero al mismo tiempo hay que ensalzar a las culturas que sufrieron la opresión europea. Las historias de la expansión de Europa por el mundo son un balance del espíritu aventurero que construyó nuevas formas de vida en todo el mundo mientras oprimía a los pueblos diferentes.

Capítulo 8: Relatos sobre la Ilustración, las reformas y la Revolución

Desde finales del siglo XVII hasta principios del XIX, una serie de levantamientos y revoluciones marcaron la historia de Europa. Este capítulo comprende el periodo transformador conocido como la Ilustración y cómo sus ideas alimentaron las revueltas sociales y políticas. También conocida como la «Edad de la Razón», la Ilustración trajo consigo nuevas filosofías que desafiaban la autoridad tradicional y abrazaban la razón, la libertad y el progreso, dando forma al discurso filosófico, político y científico.

Pensadores de renombre de esta época crearon un cambio masivo en la reforma del pensamiento y la razón, sentando las bases del pensamiento moderno. Imagínese siglos de creencias tradicionales dejadas de lado en tan solo unas décadas. Así fue la Ilustración. En lugar de costumbres ancestrales, se dio paso al individualismo, la exploración, los descubrimientos científicos, la tolerancia y las revoluciones políticas e industriales.

Los pensadores de la Ilustración se inspiraron en las antiguas civilizaciones romana y griega[14]

Los orígenes de este periodo se remontan a las secuelas de las guerras civiles inglesas. Durante este tiempo, se restauró el poder de la siempre presente monarquía autocrática, empezando por devolver el reinado a Carlos II en 1660. Esto alimentó el descontento entre los pensadores políticos de la época, que empezaron a considerar las muchas maneras en que el país se beneficiaría de estructuras políticas y sociales diferentes. Sus ideas pusieron en marcha movimientos que exigían un cambio político, que finalmente se produjo en 1688/89, cuando Guillermo y María accedieron al trono (conocida como la Revolución gloriosa).

Los pensadores de la Ilustración se inspiraron en las antiguas civilizaciones romana y griega, citando cómo la sociedad moderna se beneficiaría de modelarlas. Era una idea innegablemente diferente de los siglos de tiranía política y disolución de los derechos personales y el bienestar que se experimentaba en toda Europa. John Locke, médico y filósofo inglés, vio la respuesta en la separación del gobierno y la Iglesia. Creía que esto fomentaría la tolerancia religiosa, la lucha por los derechos de las personas y la propiedad (proponiendo una forma temprana de contrato social entre las personas y el Estado).

Locke también afirmaba que la conciencia humana era la puerta de acceso a la verdadera libertad y desechaba la antigua noción (pero muy prevaleciente en la época) de que el conocimiento era una entidad elusiva y secreta y que solo podía obtenerse por vías místicas. Las ideas de Locke reflejaban las creencias de Thomas Hobbes, que también abogaba por los contratos sociales entre el pueblo y el gobierno, considerándolos la clave para la satisfacción de las personas. A pesar de las grandes promesas, estas ideas y la revolución que provocaron se enfrentaron a menudo a las represalias de los antiguos regímenes.

35. Voltaire: Campeón de la Ilustración y el libre pensamiento

Voltaire (llamado François-Marie Arouet) fue una figura fundamental de la Ilustración. Fue un prolífico escritor, filósofo e historiador francés. A lo largo de su polifacética carrera, abogó por la libertad de expresión y de credo. También apoyó la idea de crear una división entre el gobierno y la Iglesia. En la época de la tiranía aristocrática, esto no era fácil. Voltaire tuvo que luchar contra las leyes de censura francesas que prohibían la publicación de cualquier cosa que fuera en contra de las ideas de la Iglesia o de las principales instituciones políticas francesas.

Afortunadamente, Voltaire era muy inteligente, como ilustra la siguiente historia. En una ocasión, devolvió un insulto a un noble y fue detenido a pesar de no haber sido él quien iniciara el conflicto. Consiguió negociar su liberación de la Bastilla y en su lugar se exilió a Inglaterra. Testigo de los beneficios de la monarquía constitucional británica, Voltaire se apasionó aún más por la libertad de expresión y la libertad personal.

Desde Inglaterra, Voltaire continuó criticando al Estado francés y el poder de la Iglesia en él. Escribió varias novelas en las que ridiculizaba al gobierno, la religión, a los teólogos y todo lo que oprimía a los plebeyos. En ellas, Voltaire argumentaba la injusticia de que ellos tuvieran que soportar la carga de los impuestos mientras que la nobleza, los funcionarios y los cargos eclesiásticos estaban exentos. Uno de sus temas recurrentes era el héroe que atravesaba obstáculos inimaginables y los nobles le aseguraban que era por su bien.

Algunos atribuyen su prolífica creatividad a su excesivo consumo de cafeína (¡se dice que podía beber hasta setenta tazas de café al día!) Sea lo que sea que había detrás de sus pensamientos y creencias, Voltaire se convirtió en un verdadero campeón de la libertad en Gran Bretaña y América. Sus principios también fueron ampliamente reconocidos y aceptados en otros países desarrollados. Sin embargo, no todos los países estaban de acuerdo con la libertad de expresión religiosa. Algunos encarcelaban y ejecutaban a quienes hablaban públicamente de estas ideas nuevas, revolucionarias e ilustradas, así como a quienes eran acusados de llevarlas a la práctica. Voltaire sabía que en algunos países el Estado y la religión, unidos, oprimían la libertad de pensamiento independiente. Sin embargo, hasta su muerte animó a oponerse a estos regímenes violentos y opresivos y a no dejar que silenciaran a nadie que estuviera en desacuerdo con su forma de pensar.

36. El contrato social: la idea revolucionaria de Rousseau

Después de que Locke y otros popularizaran la idea de los contratos sociales, las peticiones concurrentes de cambio político en Francia en los albores del siglo XVIII impulsaron el concepto. Diderot, por ejemplo, afirmaba que mediante la expansión de la razón (proporcionada por un contrato en el que el Estado permitía a las personas desarrollar un pensamiento independiente y crítico), el pueblo sería capaz de mantener a raya las pasiones destructivas y conservar su virtud.

Una idea similar fue proclamada por Jean-Jacques Rousseau, quien sostenía que las personas eran racionales de nacimiento. Sin embargo, cuando perdieron su libertad debido a las restricciones sociales, su razón fue suprimida y se volvieron incapaces de pensar racionalmente. Además, según Rousseau la sociedad civilizada hacía infelices a las personas y, para cambiar esta situación, estas debían buscar la cercanía con la naturaleza, lejos de la sociedad opresiva.

Rousseau también afirmaba que la verdadera soberanía política era posible, pero que el pueblo solo podría obtenerla cuando se mantuvieran adecuadamente las leyes y se respetaran los dictámenes. Este pensamiento quedó plasmado en una de las obras más conocidas de Rousseu, *El contrato social,* en la que sostenía que las personas solo podían ser libres si su sociedad les concedía ciertos derechos y garantizaba su bienestar. Para ello era necesario un gobierno democrático, una noción política radical en aquella época. Sin embargo, en tan solo unas décadas, la misma idea influyó en algunos de los movimientos revolucionarios más significativos, incluida la famosa

Revolución francesa. Incluso revolucionarios como Robespierre se inspiraron en las obras y la filosofía de Rousseau.

Por la misma razón, fueron culpados por el gobierno francés de actos terribles que nunca cometieron. A pesar de ello, *El contrato social* se convirtió en una de las obras literarias más influyentes de la historia política europea. Incluso hoy, las ideas que disecciona siguen inspirando y subrayando la importancia de ser parte responsable de la sociedad para garantizar la libertad y el bienestar.

37. El asalto a la Bastilla: la chispa de la Revolución francesa

En el verano de 1789, Francia iba camino de una revolución en toda regla. El gobernador de la Bastilla (la fortaleza que servía como la prisión más infame de la época) sabía que los revolucionarios podían atacar el edificio y pidió ayuda. Tenía razones para temer la derrota. Los guardianes de la fortaleza eran meros veteranos incapaces de servir en la batalla. Llegaron algunos soldados más capaces, pero también hubo protestas incontrolables en la ciudad durante varios días. Después, la Bastilla recibió refuerzos de 250 barriles de pólvora, que fueron distribuidos entre los guardias mientras levantaban los puentes levadizos. Desgraciadamente, era demasiado tarde. Cuando se enteraron de que el rey Luis planeaba arrestar a la flamante Asamblea Nacional, que prometía más poder al pueblo, los parisinos se enfurecieron. El 14 de julio de 1789, se armaron con espadas, mosquetes y otras armas improvisadas y comenzaron a reunirse alrededor de la fortaleza.

Los informes hablan de novecientos parisinos reunidos frente a la fortaleza esa mañana, encabezados por tres delegados del Hôtel de Ville (sede del gobierno de la ciudad), que presentaron las demandas de los rebeldes. Como no quería cometer el deshonroso acto de capitular ante el enemigo sin autorización del rey, en un primer momento el gobernador se negó a rendirse. Sin embargo, retiró los cañones de las murallas para demostrar que no tenía intención de infligir daño a nadie. Uno de los delegados lo vio con sus propios ojos y fue a anunciarlo a la turba, pero ya era demasiado tarde. Cuando regresaron a la base de la fortaleza, dos ágiles revolucionarios habían escalado los muros y cortado la cadena del puente levadizo, provocando su caída. A partir de entonces, no hubo forma de desescalar la situación. Unos quedaban atrapados y morían bajo el puente, mientras que otros empezaban a cruzar corriendo hacia el patio. Creían que los guardias les habían dejado entrar. Sin embargo, los guardias no sabían nada, y cuando vieron que la multitud entraba, presas del pánico, empezaron a disparar. Entonces, pensaron que habían caído en una trampa, y los que llevaban armas procedieron a atacar.

Mientras los revolucionarios luchaban contra los guardias de la Bastilla, los miembros rebeldes de la Guardia Francesa y otros soldados desertores se enteraron de lo que ocurría y se unieron a la batalla. Eran un poco desordenados, pero aportaron valiosos refuerzos a la multitud, incluidos cañones que dispararon contra la puerta de la Bastilla. Aunque el gobernador aún consideraba la posibilidad de contraatacar en ese momento, sus hombres le convencieron de que no lo hiciera. Al no ver otra opción que rendirse, el gobernador izó la bandera blanca y dejó caer el otro puente levadizo. Después de todo, no tenía refuerzos. El ejército real huyó de la ciudad, tratando de adelantarse lo más posible para evitar que la turba los alcanzara e instalándose finalmente en Versalles, donde residía el rey.

Tras inundar la Bastilla, los revolucionarios liberaron a los prisioneros, desarmaron a los guardias restantes (varios de ellos murieron o fueron linchados durante el ataque o inmediatamente después) y se apoderaron de las municiones. Los principales oficiales del gobernador fueron asesinados y este fue conducido al Hôtel de Ville, donde se determinaría su futuro castigo. Sin embargo, como no quería que nadie más decidiera su destino, el gobernador provocó a uno de sus captores para que lo atacara y lo matara.

Cuando las noticias del asedio de la Bastilla llegaron al rey Luis XVI en Versalles, este hizo un último intento por detener la revolución. Volvió a poner en funciones a Jacques Necker, el ministro principal al que había destituido por no impedir el levantamiento de la Asamblea Nacional. Sin embargo, la revocación de esta decisión ya no satisfizo a la multitud. Con la caída de la Bastilla, la revolución comenzó oficialmente y ya no había quién la detuviera. Cuatro años más tarde, poco después de la abolición de la monarquía francesa, el rey Luis y su esposa María Antonieta fueron capturados y ejecutados por traición.

Al iniciarse la revolución, se habló de convertir la Bastilla en museo o incluso en base de voluntarios. Sin embargo, con el pasado y el tamaño del edificio, el Comité Permanente de Electores Municipales ya no podía justificar su mantenimiento (antes apenas valía la pena, dado el escaso número de prisioneros que albergaba) y autorizó su demolición. En su lugar se construyó un parque, en homenaje a la primera victoria de los parisinos durante la revolución. Sin embargo, el pueblo no se quedó sin recuerdos tangibles de este acontecimiento (a pesar de desechar la idea del museo). Deseoso de promover la victoria y su significado, uno de los encargados de la demolición se apoderó de algunos de los restos de la Bastilla y los convirtió en souvenirs. Los distintos objetos incautados se vendieron rápidamente. Los abanicos de sus papeles eran los favoritos de las damas, mientras que los caballeros preferían pisapapeles de las rocas que antaño sostenían la fortaleza. Había incluso réplicas en miniatura del edificio para comprar. Personas de otras partes de Francia acudían a París para conseguir una buena oferta en las piedras de la Bastilla. Se las llevaban a casa, inspirados para contribuir ellos mismos a la revolución.

Hoy en día, el contorno de la fortaleza y una pequeña parte de los cimientos siguen siendo un símbolo de cómo la unión de las fuerzas de la gente puso fin a un régimen en decadencia e impulsó la lógica revolucionaria francesa.

38. La Declaración de los Derechos del Hombre y del Ciudadano: un documento revolucionario

Ninguna narración de la Ilustración estaría completa sin mencionar la Declaración de los Derechos del Hombre y del Ciudadano. Publicado el 26 de agosto de 1789 por la Asamblea Nacional Constituyente francesa, con el nombre original de *Déclaration des droits de l'homme et du citoyen*, fue el primer documento en el que se esbozaron claramente los derechos individuales y colectivos de las personas durante la Revolución francesa. Los creadores del documento se inspiraron en piezas constitucionales como la Carta Magna y en las ideas revolucionarias que se extendían por Estados Unidos y que desembocaron en la firma de la Declaración de Independencia. Había diferencias inconfundibles. Por ejemplo, la Declaración de los Derechos del Hombre y del Ciudadano hace hincapié en que los derechos de las personas son universales e inviolables y deben defenderse de forma natural.

Sin embargo, la influencia de la Carta Magna es innegable. La Declaración de los Derechos del Hombre y del Ciudadano también habla de subordinar al monarca a la ley, proclama que nadie debe ser arrestado, encarcelado o acusado sin causas legalmente establecidas y ordena que la tributación sea de consentimiento común. Los autores también trabajaron en el pasado con Thomas Jefferson, que inspiró la Carta Magna y dejó su impronta en la Declaración de los Derechos del Hombre y del Ciudadano. Esto se ve en la cláusula que habla de la libertad innata de las personas y la necesidad de conservarla, asegurando así los mismos derechos para todos.

39. Immanuel Kant: razón e ilustración

Influido por Rousseau y Descartes, el filósofo alemán Immanuel Kant fue otro personaje notable durante la Ilustración. Nacido y criado en Koenigsberg (actual Rusia) en 1781, Kant comenzó a publicar obras que sentaron las bases de la filosofía moderna. A medida que se multiplicaban sus publicaciones, comparaba sus esfuerzos por ilustrar a la gente con los de Copérnico, y con razón. Inspiró a muchos otros filósofos, cuya obra se denominó simplemente postkantiana.

IMMANUEL KANT
From a painting

Kant recibió influencias de Rousseau y Descartes[15]

En un movimiento nunca antes visto, Kant encontró la manera de consolidar las ideas racionalistas y empíricas en una forma de pensamiento sólida. Muchos describen su forma como radicalmente renovadora, ya que incorporaba sus aspectos más fuertes al tiempo que mostraba sus insuficiencias. Al principio, fue duramente criticado por poner patas arriba las creencias tradicionales seculares. Sin embargo, a medida que otros grandes pensadores profundizaban en sus razonamientos, cada vez más gente descartaba las preocupaciones convencionales. Pronto, ni siquiera les parecieron dignas de ser tenidas en cuenta durante los debates filosóficos en los que se discutía la naturaleza del conocimiento.

El razonamiento que subyacía a las ideas y métodos reformadores de Kant también resultó chocante en su momento, dado que estaba relacionado con principios metafísicos (Kant vinculaba la filosofía a la ciencia). Los seguidores de las tradiciones antiguas (que las ideas de Kant dejaban de lado) y los pensadores modernistas de la época despreciaban la idea de que el conocimiento de las personas pudiera estar ligado a objetos externos. Aunque algunos jugaban con el concepto de «objetos de conocimiento», la mayoría consideraba inimaginable su existencia. El sentido común decía que el sujeto del conocimiento existía separado de los objetos físicos (pero Kant no estaba de acuerdo). Inspirado por la idea de Copérnico de que la Tierra gira alrededor del Sol y no al revés (como se creía entonces), Kant propuso cambiar la suposición de que el conocimiento de las personas puede trascender la naturaleza de los objetos y considerar que los objetos pueden ajustarse a la forma de adquirir conocimiento de las personas. Para ello era necesario invertir el pensamiento, del mismo modo que los astrónomos tuvieron que invertir su teoría sobre el Sol y la Tierra para resolver las dificultades que encontraban durante sus investigaciones. En otras palabras, al cambiar de perspectiva, la noción de los objetos de conocimiento dejaría de parecer inimaginable.

El recuento anterior de la obra de Kant es solo un fragmento de su esfuerzo por ampliar las filosofías que giran en torno a la razón. Otro ejemplo está en su publicación titulada «*¿Qué es la Ilustración?*», en la que intentaba responder a viejas preguntas que inquietaban a los pensadores. Hacía tiempo que vivían en ella, pero no lograban definirla. Según Kant, la Ilustración no es más que la manera de liberarse de un estado de desconocimiento y dejarse llevar por los demás y sus conocimientos. Es como un niño que empieza a usar su razón y su entendimiento para aprender lo que necesita para sobrevivir y prosperar a medida que se hace adulto. Es no dejar que otros digan cómo y qué se debe pensar. Es tener el valor de liberarse de la tutela de otros y usar la propia razón. No piense que no puede hacerlo y decídase. No tenga miedo de tomar sus propias decisiones.

Kant sostenía que seguir la propia razón conduce a una facultad compartida por todas las personas de mente capaz de la tierra. Si además se acepta su idea de que la razón es una capacidad innata y no una habilidad aprendida, la conclusión es sencilla. Todo el mundo puede aprender las mismas cosas de la misma manera.

Al exponer esta idea al público en general en el ensayo «*¿Qué es la Ilustración?*», Kant asumió un enorme riesgo. Se jugaba su reputación como filósofo de renombre y no era una noción que todo el mundo estuviera dispuesto a aceptar. Afortunadamente, con esta obra (junto con su otra publicación, *«Crítica de la razón pura»*) consiguió mantener e incluso aumentar el número de sus partidarios en toda Europa. Aunque estas obras se publicaron en Berlín, sus postulados fueron compartidos por muchos y se vieron también al otro lado del continente (incluidos algunos de los personajes centrales de la Revolución francesa que pronto llegaría).

Capítulo 9: Napoleón Bonaparte: Relatos de su ascenso y caída

Napoleón Bonaparte, el diminuto dínamo del siglo XIX, era un hombre de baja estatura, pero con grandes ambiciones. Aficionado a conquistar territorios y corazones, este general nacido en Córcega y convertido en emperador remodeló el mapa de Europa y redefinió el arte de la guerra. No se puede conocer la historia de Europa sin conocer a este influyente personaje. Sus astutas estrategias eran tan afiladas como su emblemático sombrero bicornio; y su carisma, como un buen vino francés, dejó una huella imborrable en la historia. Tanto si se le considera un genio militar como un conquistador sediento de poder, una cosa es cierta: Napoleón se negó a ser confinado por los límites de su estatura, dejando una huella indeleble en la escena mundial. Se puede admirar su audacia o cuestionarla, pero no se puede negar que era un hombre que supo hacer que la historia bailara a su son imperial.

Napoleón se negó a ser confinado por los límites de su estatura[16]

40. Napoleón: De Córcega a emperador

Napoleón Bonaparte, conocido como Napoleone di Buonaparte, vino al mundo el 15 de agosto de 1769 en la pintoresca ciudad de Ajaccio, en la isla de Córcega. Su familia ocupaba un nicho social único entre la alta burguesía y la nobleza menor. Su ascendencia fue objeto de especulaciones, pero Napoleón rechazó afirmaciones extravagantes y afirmó sus raíces corsas. La herencia corsa de Napoleón, con raíces italianas, se convirtió en blanco de los detractores que pretendían empañar su imagen. El primer biógrafo británico William Burdon atribuyó la supuesta «oscura ferocidad» de su carácter a su ascendencia italiana, comparándolo injustamente con la traición italiana en lugar de abrazar la franqueza y vivacidad francesas. El periodista británico William Cobbett llegó a tacharlo de «advenedizo de baja estofa procedente de la despreciable isla de Córcega». Sin embargo, a pesar de estos prejuicios, las acciones de Napoleón desafiaron los estereotipos.

A los nueve años, el padre de Napoleón consiguió que su familia fuera reconocida como noble, lo que le permitió solicitar becas reales para la educación de sus hijos. El viaje de Napoleón para convertirse en un oficial y caballero francés se puso en marcha cuando recibió una de estas becas, lo que le permitió embarcarse en su educación en Francia. Napoleón destacó en matemáticas, una materia que más tarde consideró crucial para el liderazgo militar. El excepcional intelecto de Napoleón y su aptitud para las matemáticas le llevaron a elegir una carrera en la prestigiosa artillería en lugar de la marina. Sobresalió académicamente, impresionando a sus profesores y recibiendo recomendaciones para continuar su educación en prestigiosas instituciones. Su decisión de alistarse en la artillería le hizo formar parte de una élite y se convirtió en el primer corso en asistir a la École Royale Militaire de París.

Napoleón completó sus estudios en Brienne e ingresó en la École Royale Militaire de París en 1784. El 1 de septiembre de 1785, recibió su comisión de bombarderos en la Compagnie d'Autume dentro de la quinta brigada del primer batallón del Régiment de la Fère, estacionado en Valence, en la orilla izquierda del Ródano. Con solo dieciséis años, era uno de los oficiales más jóvenes y el único corso que tenía una comisión de artillería al mando en el ejército francés. A finales de mayo de 1788, Napoleón estaba destinado en la escuela de Artillería de Auxonne, al este de Francia, no lejos de Dijon.

En abril de 1789, fue enviado a Seurre para ayudar a sofocar un motín, demostrando así su voluntad de mantener el orden y la disciplina. Es entonces cuando comienza realmente su carrera. Sin embargo, la situación política en Francia evolucionaba rápidamente, lo que condujo al estallido de la Revolución francesa el 14 de julio de 1789, con el asalto a la Bastilla. El reinado de Napoleón se caracterizó por sus conquistas militares. Uno de los logros más célebres de Napoleón fue su serie de campañas italianas a finales de la década de 1790. Su brillantez militar se puso de manifiesto cuando derrotó a una serie de ejércitos austriacos e italianos, ampliando el territorio francés y estableciendo nuevas repúblicas en el proceso. Estas campañas pusieron de manifiesto su genio táctico y su capacidad para inspirar a sus tropas. El famoso «tufillo a metralla» de 1795, en el que sofocó a una turba parisina, consolidó aún más su reputación de salvador militar.

En 1799, el panorama político de Francia cambió radicalmente. El Directorio, el gobierno existente, estaba acosado por la corrupción y la inestabilidad. En un golpe de estado conocido como el 18 Brumario, Napoleón derrocó al Directorio e instauró el Consulado, con él mismo como primer cónsul. Esto marcó el inicio de su dominio efectivo sobre Francia. En 1804 se proclamó emperador de Francia, poniendo fin a los ideales igualitarios de la Revolución francesa. Su coronación, en la catedral de Notre Dame de París, fue un gran espectáculo que puso de manifiesto su poder e influencia. Como emperador, llevó a cabo numerosas reformas que modernizaron Francia, entre ellas el Código Napoleónico, que sentó las bases de muchos sistemas jurídicos modernos.

41. El Código Napoleónico: un legado jurídico

El ascenso de Napoleón al poder en Francia a finales del siglo XVIII coincidió con la tumultuosa época de la Revolución francesa. Con el antiguo sistema jurídico en desorden, se necesitaba urgentemente una reforma legal. Napoleón reconoció esta oportunidad para consolidar su poder y establecer un código legal que apuntalara su gobierno. Nombró una comisión de juristas, encabezada por Jean-Jacques Régis de Cambacérès, para redactar un código civil completo.

El Código Napoleónico introdujo varios principios innovadores que siguen dando forma a los sistemas jurídicos modernos:

- **Claridad y sencillez:** El código pretendía ofrecer un conjunto de leyes claras y concisas, eliminando la complejidad y ambigüedad características de los sistemas jurídicos feudales de la época. Priorizaba la simplicidad y la accesibilidad, haciendo la ley comprensible para el ciudadano común.
- **Igualdad ante la ley:** Este código enfatizaba el principio de igualdad, declarando que todos los ciudadanos eran iguales ante la ley. Esto supuso un cambio significativo con respecto a los privilegios y desigualdades que habían caracterizado al antiguo régimen.
- **Derechos de propiedad:** Protegía los derechos de propiedad privada, reforzando la idea de que los individuos tenían derecho a poseer, usar y disponer de sus bienes como considerasen oportuno. Esta disposición influyó en el desarrollo de las economías capitalistas.
- **Libertad contractual:** El Código Napoleónico apoyaba la libertad contractual, permitiendo a los individuos celebrar acuerdos basados en su propia voluntad. Esto sentó las bases del derecho contractual moderno.
- **Derecho de familia:** Este código reformó el derecho de familia permitiendo el divorcio, concediendo a los padres mayor autoridad sobre sus hijos y

simplificando las reglas de herencia.

Además del Código Napoleónico, el reinado de Napoleón en Francia estuvo marcado por amplias reformas que transformaron el país de diversas maneras:

- **Reformas educativas:** Napoleón reconoció la importancia de la educación para construir una nación fuerte. Estableció un sistema de educación pública conocido como la Universidad Napoleónica, que impartía educación desde el nivel elemental hasta el universitario. Este sistema pretendía formar burócratas y profesionales cualificados.
- **Reformas administrativas:** Para racionalizar el gobierno, Napoleón centralizó el poder administrativo. Dividió Francia en departamentos, cada uno con un prefecto nombrado por el gobierno central. Esta estructura mejoró la eficacia y el control.
- **Reformas legales:** Más allá del Código Napoleónico, las reformas legales incluyeron la creación del Consejo de Estado, que actuó como órgano asesor legal y ayudó a estandarizar leyes y reglamentos.
- **Reformas financieras:** Napoleón estabilizó las finanzas de Francia introduciendo el franco como moneda nacional y estableciendo el Banco de Francia. Estas medidas contribuyeron a la estabilidad económica.
- **Reformas religiosas:** Napoleón firmó el Concordato con la Iglesia católica en 1801, reconciliando las relaciones entre el Estado y la Iglesia. Aunque se reconocía al catolicismo como religión dominante, se garantizaba la libertad religiosa.

El Código Napoleónico y las amplias reformas instituidas por Napoleón en Francia representan un importante punto de inflexión en la historia jurídica, social y administrativa. Estas reformas modernizaron Francia y tuvieron una influencia duradera en países y sistemas jurídicos de todo el mundo. Los principios de igualdad, claridad y racionalidad del Código Napoleónico siguen dando forma a los sistemas jurídicos modernos, poniendo de relieve el legado perdurable de la era de reformas de Napoleón.

42. Austerlitz: la mayor victoria de Napoleón

El 2 de diciembre de 1805, la batalla de Austerlitz, librada entre el ejército francés, liderado por el emperador Napoleón Bonaparte, y las fuerzas combinadas del Imperio ruso y el Sacro Imperio romano germánico, se desarrolló en las heladas llanuras cercanas a la ciudad de Austerlitz, en lo que hoy es la República Checa. Esta batalla se considera a menudo el mayor triunfo militar de Napoleón, que puso de manifiesto su brillantez táctica y le valió el título de genio militar.

Para apreciar la importancia de Austerlitz, es esencial comprender el trasfondo estratégico de las guerras napoleónicas. En 1805, la Tercera Coalición, formada por Rusia, Austria y el Reino Unido, se había formado con el objetivo de derrotar al Imperio francés de Napoleón, que se había expandido rápidamente por Europa. Los aliados planeaban rodear y aplastar a la Grande Armée de Napoleón, preparando el escenario para la batalla de Austerlitz.

Napoleón reconoció el peligro que suponía la superioridad numérica de los ejércitos aliados. Inició una retirada estratégica para atraerlos a una posición vulnerable, llevando a los aliados hacia el interior de Francia. Esta maniobra le dio tiempo para consolidar sus fuerzas y elegir el campo de batalla. Napoleón eligió las alturas de Pratzen, cerca de Austerlitz, como campo de batalla. Se dio cuenta de que estas alturas tenían la clave de la victoria. Debilitó deliberadamente su flanco derecho para atraer a los aliados a un enfrentamiento decisivo, haciéndolo parecer vulnerable. Una espesa niebla cubrió el campo de batalla en la mañana de la batalla, oscureciendo la visibilidad. Napoleón reconoció esto como una ventaja y esperó hasta que la niebla se disipó, impidiendo a los aliados evaluar plenamente la disposición de sus fuerzas.

Creyendo que el flanco derecho de Napoleón era débil, los aliados lanzaron un asalto masivo sobre ese sector. Sin embargo, esto jugó a favor de Napoleón, que había concentrado sus fuerzas en el centro y la izquierda. Napoleón ordenó un contraataque devastador mientras los aliados comprometían sus fuerzas al ataque. La infantería francesa, al mando del mariscal Soult, asaltó el debilitado centro aliado, dividiendo sus fuerzas en dos. Mientras tanto, el mariscal Davout mantuvo las alturas de Pratzen con una fuerza más pequeña. Su tenacidad y las condiciones de niebla impidieron que los aliados se dieran cuenta a tiempo de que las alturas no habían sido abandonadas. Una vez que la niebla se disipó, era demasiado tarde y las fuerzas de Napoleón mantuvieron el crucial terreno elevado.

La batalla de Austerlitz terminó con una rotunda victoria de Napoleón. Los aliados sufrieron numerosas bajas y se vieron obligados a retirarse. Este triunfo no solo consolidó la reputación de Napoleón como genio militar, sino que también condujo a la firma del Tratado de Presburgo, que favoreció enormemente a Francia y desmanteló el Sacro Imperio romano germánico. Austerlitz marcó la cumbre de la carrera militar de Napoleón.

43. La catástrofe rusa de Napoleón: la retirada de Moscú

La retirada de Moscú en 1812 es uno de los episodios más catastróficos e infames de la historia militar. El emperador Napoleón Bonaparte, que una vez había sido el amo de Europa, condujo a su Grande Armée a Rusia con grandes ambiciones de conquista. Sin embargo, a medida que se desarrollaba la campaña rusa, quedó claro que sería una empresa brutal y, en última instancia, desastrosa.

En 1812, el Imperio francés de Napoleón estaba en su apogeo. Con la mayor parte de Europa bajo su control, trató de ampliar su influencia a Rusia. Su ambición era obligar al zar ruso, Alejandro I, a adherirse al Sistema Continental, un bloqueo económico contra el comercio británico. Para ello, Napoleón reunió un ejército colosal, a menudo conocido como la Grande Armée, formado por más de 600.000 soldados de varias naciones europeas bajo su control. En junio de 1812, cruzaron el río Neman y entraron en territorio ruso.

El ejército ruso, al mando del mariscal de campo Mikhail Kutuzov, optó por enfrentarse a Napoleón en la batalla de Borodino en septiembre de 1812. Este brutal conflicto fue uno de los más sangrientos de las guerras napoleónicas, con numerosas bajas. Aunque los franceses salieron victoriosos, sus pérdidas fueron asombrosas. Tras la costosa batalla, las fuerzas de Napoleón entraron en Moscú en septiembre de 1812. Sin embargo, el ejército ruso había empleado una estrategia de tierra quemada, dejando la ciudad abandonada y en llamas. Napoleón no tuvo más remedio que ocupar una Moscú en ruinas y despoblada. A medida que el invierno se abatía sobre Rusia, la situación para los franceses se volvía calamitosa. El duro invierno ruso, unido a la disminución de los suministros y a las enormes distancias que tenían que recorrer, cobró un alto precio en el ejército de Napoleón.

Al darse cuenta de que permanecer en Moscú era insostenible, Napoleón ordenó la retirada a finales de octubre de 1812. Esta retirada resultó ser una pesadilla. La Grande Armée se enfrentó a dificultades extremas durante la retirada. El hambre, la congelación y el acoso constante de las fuerzas rusas mermaron aún más sus efectivos. Miles de personas perecieron de agotamiento y hambre. Uno de los momentos más desesperados se produjo en el río Bérézina en noviembre de 1812. Los franceses tuvieron que cruzar el río helado bajo los incesantes ataques rusos. Muchos se ahogaron o murieron durante la travesía.

Para cuando Napoleón y su destrozado ejército cruzaron de nuevo a territorio amigo, solo quedaba una fracción de la otrora poderosa Grande Armée. Las estimaciones de bajas varían, pero se cree que solo sobrevivió alrededor del 10 % de la fuerza invasora. La retirada de Moscú marcó un punto de inflexión en la fortuna de Napoleón. Las catastróficas pérdidas debilitaron gravemente su dominio sobre Europa y marcaron el comienzo de su caída final. El desastre de Rusia galvanizó a las demás potencias europeas contra Napoleón. Se formó una Sexta Coalición, y una serie de campañas conocidas como la guerra de la Sexta Coalición condujeron finalmente a la derrota y el exilio de Napoleón.

44. Waterloo: el fin de una era

La batalla de Waterloo, librada el 18 de junio de 1815 cerca de la ciudad de Waterloo, en la actual Bélgica, constituye un momento crucial de la historia. Marcó la culminación de una serie de conflictos conocidos como las guerras napoleónicas y, lo que es más importante, el final de una era dominada por una de las figuras más emblemáticas de la historia, el emperador Napoleón Bonaparte. Esta épica batalla enfrentó a las fuerzas francesas de Napoleón con los ejércitos combinados de la Séptima Coalición, liderados por el duque de Wellington y el mariscal de campo prusiano Gebhard Leberecht von Blücher.

La derrota de Napoleón en Rusia alentó la formación de la Sexta Coalición, integrada por Gran Bretaña, Rusia, Prusia y Austria. La coalición lanzó una exitosa campaña en 1814 que culminó con la toma de París. Ante la presión de sus mariscales y la falta de apoyo, Napoleón abdicó el 6 de abril de 1814. Fue exiliado a la isla de Elba y Luis XVIII fue restaurado en el trono francés. El exilio de Napoleón duró poco. El 26 de febrero de 1815 escapó de Elba y regresó a Francia. Este acontecimiento marcó el inicio de los cien días, cuando recuperó el poder y se declaró de nuevo emperador.

Napoleón se apresuró a formar un nuevo ejército y lanzar un ataque preventivo contra las fuerzas de la coalición reunidas en Bélgica. Su estrategia consistía en dividir y derrotar a los ejércitos aliados antes de que pudieran unirse. El 16 de junio de 1815, Napoleón se enfrentó al ejército prusiano al mando de Blücher en la batalla de Ligny. Los franceses salieron victoriosos, pero los prusianos lograron una retirada organizada, preparando el terreno para un desarrollo crítico. Simultáneamente, se produjo un enfrentamiento menor en Quatre Bras, donde los franceses trataron de impedir que los británicos al mando de Wellington se unieran a los prusianos. Terminó sin resultados concluyentes.

El 18 de junio de 1815 se produjo el enfrentamiento principal en Waterloo. Wellington había elegido una posición defensiva anclada en la granja de Hougoumont y en la cresta de Mont St. Jean. Sus fuerzas se situaron en el terreno elevado. Napoleón lanzó una serie de ataques contra las líneas británicas a lo largo del día, incluido un asalto masivo a Hougoumont. Los británicos, apoyados por la llegada de refuerzos prusianos al mando de Blücher, resistieron a pesar de las numerosas bajas. A última hora de la tarde, las fuerzas prusianas llegaron en masa, amenazando el flanco derecho de Napoleón. Esto obligó a Napoleón a un último y desesperado ataque contra el centro de Wellington. El ataque al centro de Wellington fracasó y el ejército francés empezó a desintegrarse. Al darse cuenta de que la batalla estaba perdida, Napoleón ordenó la retirada.

La derrota de Napoleón en Waterloo marcó el fin de su reinado y de sus ambiciones. Fue exiliado a la remota isla de Santa Elena, en el Atlántico Sur, donde pasó el resto de su vida. La derrota de Napoleón en Waterloo condujo al Congreso de Viena, en el que las potencias europeas trataron de redibujar el mapa de Europa y restablecer el orden tras la agitación de las guerras napoleónicas. Luis XVIII fue restaurado en el trono francés, marcando el regreso de la monarquía borbónica.

45. La influencia de Napoleón en la Europa moderna

Napoleón Bonaparte, una de las figuras más emblemáticas de la historia, dejó una huella imborrable en Europa que sigue configurando el panorama político, social y cultural del continente hasta nuestros días. En primer lugar, es crucial reconocer el innegable impacto de las conquistas militares y las reformas de Napoleón en la Europa moderna. Sus ambiciosas campañas, que extendieron el control francés a vastas extensiones del continente, no solo redefinieron las fronteras nacionales, sino que también introdujeron una serie de reformas que modernizaron las sociedades europeas. El Código Napoleónico, por ejemplo, sigue siendo la piedra angular de los ordenamientos jurídicos de varios países europeos y hace hincapié en los principios de igualdad ante la ley, derechos de propiedad y laicismo. Estos principios siguen sustentando los sistemas jurídicos modernos de toda Europa.

Además, las innovaciones militares de Napoleón, incluido el concepto de ejército ciudadano, han tenido un impacto duradero en la estrategia y las tácticas militares modernas. La idea de un ejército nacional conscripto se convirtió en un modelo estándar en Europa y fuera de ella, remodelando la naturaleza de la guerra y la relación entre los Estados y sus ciudadanos. Sin embargo, las opiniones sobre la influencia de Napoleón en la Europa moderna no son únicamente positivas. Los críticos sostienen que sus ambiciones militaristas y sus políticas expansionistas provocaron un sufrimiento generalizado y la pérdida de vidas humanas en todo el continente. Las guerras napoleónicas, que duraron más de una década, devastaron innumerables regiones y dejaron un legado de conflictos e inestabilidad. Los escépticos sostienen que el afán de poder de Napoleón alteró el delicado equilibrio de poder en Europa y sembró las semillas de futuros conflictos, incluidas las dos Guerras Mundiales.

Además, el impacto de Napoleón en las identidades nacionales europeas es objeto de debate. Aunque contribuyó a la propagación del sentimiento nacionalista en algunas regiones al redibujar las fronteras y crear nuevas entidades políticas, también impuso las normas e instituciones culturales francesas en los territorios conquistados. Esto ha llevado a algunos a argumentar que su legado es tanto de construcción nacional como de imperialismo cultural, con consecuencias contradictorias para las identidades europeas modernas.

En cuanto a la gobernanza, el gobierno autocrático de Napoleón y el establecimiento de estados dependientes han suscitado dudas sobre el equilibrio entre la autoridad centralizada y la autonomía local. Sus reformas administrativas han sido elogiadas por racionalizar las funciones gubernamentales y modernizar las instituciones, pero también han sido criticadas por concentrar el poder en manos del Estado.

Capítulo 10: Relatos de Adolf Hitler

Adolf Hitler, un nombre que aún produce escalofríos en la historia, es sin duda una de las figuras más polarizadas y trascendentales del siglo XX. A menudo considerado como la persona que alteró el curso de la historia mundial de una forma que nadie podría haber previsto, el impacto de Hitler es a la vez un escalofriante recordatorio de las profundidades más oscuras a las que puede llegar la humanidad y un cuento con moraleja para las generaciones venideras. No se puede estudiar la historia europea sin toparse con Hitler; tal vez haya oído el eco de «¡Heil Hitler!» a través de los anales del tiempo, o quizá la palabra «*führer*» se haya cruzado en su camino. El ascenso al poder de Hitler, marcado por su carisma magnético y su despiadada eficacia en las maniobras políticas, desembocó en un catastrófico choque de ideologías que provocó un sufrimiento inimaginable y un conflicto mundial.

Adolf Hitler, un nombre que aún produce escalofríos en la historia[17]

46. La formación de un dictador: los primeros años de Hitler

Adolf Hitler nació el 20 de abril de 1889 en Braunau am Inn, Austria-Hungría, hijo de Alois Hitler y Klara Pölzl. Su infancia estuvo marcada tanto por alegrías como por dificultades. Alois Hitler era un padre severo y en ocasiones abusivo, mientras que Klara era una madre dulce y cariñosa. El joven Adolf mostraba talento para el dibujo, pero tenía dificultades académicas. Su familia se mudó con frecuencia durante su infancia y él asistió a varias escuelas en Austria y Alemania. Esta constante agitación le dificultó la formación de amistades duraderas.

Desde pequeño, Hitler mostró talento para el dibujo y soñaba con ser artista. Su primer contacto con el arte vino de su madre, Klara, que apoyaba sus inquietudes artísticas y fomentaba su creatividad. El joven Adolf solía dibujar paisajes, edificios y retratos, a menudo centrados en escenas arquitectónicas. En 1907, a la edad de 18 años, Hitler se trasladó a Viena con la esperanza de asistir a la Academia de Bellas Artes de esa ciudad, una prestigiosa institución para aspirantes a artistas. Sin embargo, sus sueños de ser admitido se vieron truncados al reprobar el examen de ingreso. Este rechazo supuso un duro golpe para su autoestima y sus aspiraciones como artista.

La vida en Viena durante este periodo fue un reto para Hitler. Vivía en la pobreza, se ganaba la vida a duras penas vendiendo postales de sus obras y viviendo en albergues para indigentes. Frecuentaba museos y galerías de arte, donde desarrolló una profunda admiración por el arte clásico alemán y austriaco. Fue durante su estancia en Viena cuando Hitler empezó a desarrollar fuertes opiniones nacionalistas y antisemitas. Se vio profundamente influido por la retórica antisemita predominante en la época, que se convertiría más tarde en una parte central de su ideología política.

Aunque Hitler continuó produciendo arte a lo largo de su vida, sus obras tuvieron un éxito limitado. Su estilo artístico se centraba principalmente en paisajes, escenas arquitectónicas y retratos. Sus cuadros carecían de las cualidades innovadoras y experimentales que estaban ganando popularidad en el mundo del arte a principios del siglo XX. La incapacidad de Hitler para obtener reconocimiento como artista, combinada con su creciente desilusión con la vida en Viena, alimentó su resentimiento y amargura. Empezó a verse a sí mismo como un genio incomprendido cuyo talento había sido injustamente ignorado.

Cuando estalló la Primera Guerra Mundial, en 1914, Hitler vio la oportunidad de dejar atrás su insatisfactoria carrera artística y alistarse como soldado. Su servicio en la guerra fue un punto de inflexión en su vida, que lo llevó por el camino de la radicalización política y, en última instancia, al ascenso del Partido Nazi. En retrospectiva, el fracaso de Hitler para establecerse como artista fue un factor crucial en su transformación en dictador. Sus luchas artísticas, combinadas con su desilusión con Viena y sus experiencias como soldado en la Primera Guerra Mundial, sentaron las bases de sus ambiciones políticas posteriores. El rechazo al que se enfrentó como artista le dejó un deseo profundamente arraigado de reconocimiento y poder, que finalmente trató de satisfacer a través de su carrera política.

Las experiencias de Hitler como soldado durante la Primera Guerra Mundial tuvieron un profundo impacto en su visión del mundo. Sirvió como soldado de primera línea en las trincheras del Frente Occidental y participó en varias batallas importantes. Uno de los acontecimientos más notables ocurrió durante la batalla del Somme (1916), cuando fue herido dos veces. Primero, por la explosión de un obús y más tarde sufrió los efectos del gas mostaza, que lo dejó temporalmente ciego. Durante su estancia en el ejército, Hitler recibió la Cruz de Hierro de Segunda Clase por su valor y dedicación. A pesar de sus heridas, seguía comprometido con la causa alemana y veía la guerra como una lucha noble.

Sin embargo, fue el resultado de la Primera Guerra Mundial lo que marcó profundamente a Hitler. La noticia de la derrota de Alemania y la firma del armisticio en 1918 lo devastaron. Él, como muchos otros, creía que Alemania había sido traicionada por los políticos y culpó a los judíos, a los comunistas y a los enemigos internos de la caída de la nación.

47. El *Putsch* de la cervecería: un intento de revolución

Cuando la Primera Guerra Mundial llegaba a su fin, Adolf Hitler se enfrentaba a un futuro incierto. Sus sueños de convertirse en artista hacía tiempo que se habían marchitado ante sus experiencias como soldado y las duras realidades de la Alemania de posguerra. El trauma de la guerra y su profundo resentimiento hacia la República de Weimar alimentaron una creciente ambición en su interior. La Alemania derrotada y desmoralizada de principios de los años veinte ofrecía un terreno fértil para el arraigo de ideologías extremistas. Tras probar el embriagador encanto del liderazgo durante su servicio militar, Hitler empezó a verse a sí mismo como un salvador de Alemania, un hombre con la misión de devolver a la nación su antigua gloria.

Cuando regresó a la vida civil, centró su atención en la política. La noche del 8 de noviembre de 1923, Múnich quedó envuelta en la oscuridad cuando Adolf Hitler y su banda de fervientes seguidores se reunieron en la cervecería Bürgerbräukeller. Poco sabía la ciudad que aquella noche aparentemente ordinaria sería testigo de un audaz intento de golpe de estado, conocido como el *Putsch* de la cervecería, que marcaría el curso de la historia. Aquella noche, Hitler y unos 2.000 de sus leales partidarios organizaron un mitin en la cervecería Bürgerbräukeller para protestar contra el gobierno de Weimar y sus fallos, en particular su gestión de la crisis del Ruhr y los problemas económicos a los que se enfrentaba el pueblo alemán.

El ambiente se fue cargando de fervor revolucionario a medida que Hitler pronunciaba un encendido discurso. Proclamó el derrocamiento inminente de la República de Weimar y el establecimiento de un «gobierno nacional». Se le unieron figuras prominentes del

Partido Nazi, como Ernst Röhm y Rudolf Hess, que desempeñaron un papel importante en los acontecimientos que siguieron. Inspirado por el apasionado discurso de Hitler, el grupo paramilitar nazi, las SA (Sturmabteilung), partió la noche del 8 de noviembre para tomar edificios clave del gobierno en Múnich. Su objetivo era obligar al gobierno bávaro a unirse a su causa y marchar hacia Berlín para derrocar al gobierno de Weimar.

Sin embargo, el *Putsch* fue una operación planeada a toda prisa. Mientras los miembros de las SA marchaban por las calles de Múnich, se encontraron con un bloqueo policial en el Feldherrnhalle, un monumento a los héroes militares bávaros. Se produjo un breve pero intenso tiroteo. La policía arrolló rápidamente a las tropas de las SA, desorganizadas y mal equipadas. En medio del caos, Hitler fue herido por una bala perdida que le dislocó el hombro. Posteriormente fue arrestado y puesto bajo custodia. El *Putsch* de la cervecería fracasó estrepitosamente: dieciséis nazis y cuatro policías murieron en la refriega y muchos otros, entre ellos Hitler, resultaron heridos. El gobierno de Weimar mantuvo el control y el Partido Nazi fue prohibido.

Adolf Hitler y sus cómplices fueron juzgados por traición en febrero de 1924. El juicio proporcionó a Hitler una plataforma de alto nivel para exponer sus opiniones nacionalistas y antisemitas, convirtiendo la sala del tribunal en un escenario de propaganda. Durante el juicio, Hitler no expresó remordimiento alguno por sus actos, sino que defendió sus motivaciones, presentándose como un patriota. El comprensivo juez dictó una sentencia relativamente indulgente de cinco años de prisión, de los cuales Hitler solo cumplió nueve meses. Durante su encarcelamiento en la prisión de Landsberg, Hitler escribió su infame autobiografía y manifiesto político, «*Mein Kampf*» (*Mi lucha*).

Aunque el *Putsch* de la cervecería pareció inicialmente un fracaso, tuvo varias consecuencias profundas. En primer lugar, catapultó a Hitler y al Partido Nazi al centro de la atención nacional, permitiéndoles llegar a un público más amplio con su ideología extremista. En segundo lugar, el juicio y el encarcelamiento de Hitler le permitieron consolidar sus ideas, refinar su propaganda y afianzar su liderazgo dentro del Partido Nazi. Salió de la cárcel con una renovada determinación de alcanzar el poder por medios legales.

48. Ascenso de Hitler al poder: explotar la desesperación de una nación

El ascenso de Adolf Hitler al poder en Alemania fue un testimonio de su capacidad para explotar los agravios y temores de una nación que se tambaleaba tras las secuelas de la Primera Guerra Mundial y las dificultades económicas de la República de Weimar. Tras su salida de prisión después del fallido *Putsch* de la cervecería en 1923, Hitler emprendió un camino calculado y estratégico que lo llevó a la cancillería de Alemania en 1933. Cuando Hitler salió de la cárcel en diciembre de 1924, Alemania se enfrentaba a numerosos problemas que tenían a los ciudadanos descontentos y sin ilusión. El Tratado de Versalles impuso fuertes reparaciones y pérdidas territoriales, lo que condujo a la agitación económica, la hiperinflación y el desempleo generalizado. La República de Weimar, plagada de inestabilidad política y gobiernos de coalición, se esforzó por afrontar estos retos con eficacia.

Tras el fracaso del *Putsch* de la cervecería, Hitler se dio cuenta de que un golpe violento no era el camino más viable para alcanzar el poder. Decidió alcanzar sus objetivos legalmente mediante elecciones y maniobras políticas. El don de Hitler para los discursos carismáticos y apasionados se convirtió en un arma potente. Aprovechaba las frustraciones y temores del pueblo alemán, prometiendo una salida al sufrimiento. Hitler reconoció el poder de la propaganda para moldear la opinión pública. Creó el periódico del Partido Nazi, «*Völkischer Beobachter*», y contrató a Joseph Goebbels para dirigir la difusión de la propaganda nazi. Tras el *Putsch*, el Partido Nazi fue prohibido. Hitler trabajó para reconstruirlo, atrayendo a nuevos simpatizantes y ampliando su base. Las SA, o Camisas Marrones, sirvieron como fuerzas paramilitares que intimidaban a los oponentes políticos.

A finales de la década de 1920 y principios de la de 1930, el Partido Nazi fue ganando cada vez más apoyo gracias a una combinación de factores. Hitler y los nazis adaptaron su mensaje para atraer a un amplio abanico de votantes, desde nacionalistas y veteranos descontentos hasta personas económicamente desfavorecidas. El frecuente colapso de los gobiernos de coalición, unido a la incapacidad de abordar los problemas económicos con eficacia, desilusionó a muchos alemanes de la democracia. En las elecciones al Reichstag de julio de 1930, el Partido Nazi se convirtió en el segundo partido político de Alemania, con un 18,3 % de los votos. Este éxito electoral dio a Hitler una posición destacada en el panorama político.

En enero de 1933, tras una serie de acuerdos y maniobras políticas, el presidente Paul Von Hindenburg nombró a Hitler canciller de Alemania. La decisión se debió a la creencia de los políticos conservadores de que podían controlar a Hitler y de que este traería estabilidad. El nombramiento de Hitler marcó el principio del fin de la República de Weimar y la erosión de la democracia alemana. Se apresuró a consolidar el poder y utilizó el incendio del Reichstag en febrero de 1933 como pretexto para aprobar el Decreto de incendio del Reichstag, que suspendía las libertades civiles y permitía la detención de opositores políticos.

El régimen de Hitler se caracterizó por su control totalitario de todos los aspectos de la vida alemana. Los nazis reprimieron a las disidencias a través de la brutal policía secreta, la Gestapo, y silenciaron la oposición mediante la censura y la propaganda. Adoctrinaron a los jóvenes a través de la organización Juventudes Hitlerianas y redefinieron la educación para alinearla con la ideología nazi. Las Leyes de Núremberg de 1935 despojaron a los judíos de sus derechos, segregándolos del resto de la sociedad.

Uno de los aspectos más horripilantes del gobierno de Hitler fue el Holocausto, un genocidio sistemático contra los judíos y otros grupos minoritarios. Los nazis crearon campos de exterminio como Auschwitz, Sobibor y Treblinka, donde millones de personas fueron asesinadas sistemáticamente. El Holocausto se saldó con la muerte de seis millones de judíos y millones de personas más, incluidos romaníes, discapacitados y disidentes políticos. El antisemitismo fanático de Hitler alimentó esta atrocidad sin parangón. El Holocausto sigue siendo un testimonio sobrecogedor de las profundidades de la crueldad humana. Familias enteras fueron aniquiladas y comunidades destruidas. Los supervivientes sufrieron secuelas de por vida y el trauma del Holocausto sigue resonando de generación en generación.

Las ambiciones expansionistas de Hitler condujeron al estallido de la Segunda Guerra Mundial en 1939, cuando Alemania invadió Polonia. La guerra se intensificó, envolvió Europa y se extendió a otros continentes. Las campañas militares de Hitler, incluidas las tácticas *blitzkrieg*, la invasión de Francia y el Frente Oriental, causaron millones de muertos y una devastación generalizada. El impacto de la Segunda Guerra Mundial fue catastrófico. Las ciudades quedaron reducidas a escombros, las economías se hicieron añicos y se perdieron millones de vidas. Las consecuencias de la guerra se extendieron mucho más allá de Europa, afectando a naciones de todo el mundo.

49. Operación Barbarroja: el momento decisivo

La operación Barbarroja, lanzada por la Alemania nazi el 22 de junio de 1941, marcó un momento crucial en la Segunda Guerra Mundial. Esta campaña militar masiva, impulsada por las ambiciones de Adolf Hitler, vio cómo Alemania invadía la Unión Soviética con el objetivo de asegurar el *lebensraum* (espacio vital) y paralizar al estado soviético. Aunque inicialmente tuvo éxito, la operación fue un punto de inflexión en la guerra debido a varios factores clave. La operación Barbarroja fue una de las mayores campañas militares de la historia. En ella participaron tres millones de soldados alemanes, apoyados por cientos de miles de vehículos y más de 3.000 aviones. La magnitud y ambición de la invasión demostraron la determinación de Hitler de lograr una rápida victoria sobre la Unión Soviética.

En los primeros meses de la campaña, las fuerzas alemanas lograron avances significativos en territorio soviético. Capturaron vastas franjas de terreno, infligieron grandes bajas al Ejército Rojo y rodearon y capturaron a cientos de miles de soldados soviéticos. Ciudades clave como Kiev y Smolensk cayeron en manos de los alemanes y la Unión Soviética parecía al borde del colapso. Sin embargo, la operación Barbarroja se enfrentó a graves problemas logísticos. Las vastas distancias de la Unión Soviética estiraron las líneas de suministro alemanas, haciendo cada vez más difícil sostener el rápido avance. Las duras condiciones meteorológicas, especialmente el brutal invierno ruso, agravaron los problemas logísticos. Los soldados alemanes carecían de ropa y equipo de invierno adecuados, lo que provocaba congelaciones y baja moral.

A medida que el avance alemán se ralentizaba debido a las dificultades logísticas y a la tenaz resistencia soviética, se hizo evidente que el Ejército Rojo estaba lejos de ser derrotado. Los soviéticos hicieron gala de una notable resistencia y capacidad de adaptación. Adoptaron una estrategia de tierra quemada, privando a los alemanes de valiosos recursos a medida que se retiraban hacia el este. La inmensidad de la Unión Soviética permitió una profundidad estratégica y los soviéticos se reagrupaban constantemente para lanzar contraofensivas.

La batalla de Stalingrado, librada entre el 23 de agosto de 1942 y el 2 de febrero de 1943, marcó un punto de inflexión crítico en la operación Barbarroja. La ciudad de Stalingrado se convirtió en un símbolo de la resistencia soviética y ambos bandos sufrieron inmensas bajas en el brutal combate calle por calle. Los soviéticos lograron cercar al Sexto Ejército alemán, lo que condujo a su rendición en febrero de 1943. La pérdida del Sexto Ejército, junto con su equipo y personal, fue un golpe devastador para el esfuerzo bélico alemán.

En 1943, la operación Barbarroja se había estancado. Los alemanes se enfrentaban a una prolongada guerra de desgaste en el Frente Oriental, en la que ninguno de los bandos era capaz de obtener una ventaja decisiva. Además, la creciente fuerza de la Unión Soviética, ayudada por los suministros de los aliados occidentales, inclinó aún más la balanza a favor de los soviéticos.

La operación Barbarroja, percibida inicialmente como una campaña de rápida victoria, se había convertido en un atolladero para los alemanes. A finales de 1943 y principios de 1944, los soviéticos habían recuperado gran parte del territorio perdido y avanzaban hacia Europa Oriental. Las exitosas ofensivas soviéticas, incluidas las batallas de Kursk y Bagration, habían cambiado decisivamente el rumbo de la guerra. La operación Barbarroja no había logrado sus objetivos. Por el contrario, desencadenó un prolongado y costoso conflicto con la Unión Soviética y marcó el inicio de una larga retirada del ejército alemán, que culminó con la toma de Berlín por las fuerzas soviéticas en abril de 1945.

50. El fin del *führer*: la caída de Hitler y la muerte del nazismo

Mientras los aliados se acercaban a Alemania tanto por el este como por el oeste, la situación en el frente oriental era especialmente grave. El Ejército Rojo soviético, que había adquirido una fuerza y un impulso inmensos, avanzaba rápidamente. A principios de 1945 había entrado en territorio alemán, capturando ciudades clave como Varsovia y llegando hasta el río Oder, a pocos kilómetros de Berlín. En enero de 1945, Hitler se retiró a su búnker subterráneo en Berlín, conocido como el *Führerbunker*. Este complejo reforzado, situado bajo la Cancillería del *Reich*, se convirtió en el epicentro del poder nazi en los últimos meses de la guerra. Fue aquí donde Hitler y sus colaboradores más cercanos, entre ellos Eva Braun y Joseph Goebbels, hicieron su última parada.

El estado mental de Hitler se había deteriorado considerablemente. Se aferraba a esperanzas delirantes de un cambio milagroso y seguía dando órdenes irracionales a ejércitos inexistentes. Rechazó cualquier idea de rendición y juró luchar hasta la muerte. Cuando el Ejército Rojo soviético cercó Berlín en abril de 1945, la ciudad sufrió una batalla feroz y devastadora. La lucha se caracterizó por el combate calle a calle, los intensos bombardeos de artillería y la destrucción generalizada. La población civil sufrió enormemente y las infraestructuras de la ciudad se desmoronaron.

En medio de este caos, Hitler se casó con Eva Braun el 29 de abril de 1945 en el *Führerbunker*. Al día siguiente, ambos se suicidaron. Hitler se quitó la vida tragando una cápsula de cianuro y disparándose en la cabeza, mientras que Eva Braun también ingirió veneno. Sus cuerpos fueron descubiertos más tarde en el búnker. Con Berlín bajo control soviético y sus líderes muertos, los restos del régimen nazi no tuvieron más remedio que rendirse. El 7 de mayo de 1945, el general Alfred Jodl firmó la rendición incondicional de todas las fuerzas alemanas en Reims, Francia, que entró en vigor el 8 de mayo de 1945, marcando oficialmente el final de la Segunda Guerra Mundial en Europa.

La muerte de Adolf Hitler y la rendición de la Alemania nazi pusieron fin a uno de los capítulos más oscuros de la historia. Los horrores del Holocausto, la devastación causada por la guerra y la magnitud del sufrimiento humano salieron a la luz cuando las fuerzas aliadas liberaron los campos de concentración y ocuparon el territorio alemán. Tras la guerra, los líderes de la Alemania nazi, incluidos los que habían sobrevivido y habían sido capturados, fueron llevados ante la justicia en los Juicios de Núremberg. En estos juicios, celebrados entre el 20 de noviembre de 1945 y el 1 de octubre de 1946, se procesó a los responsables de crímenes de guerra, crímenes contra la humanidad y otras atrocidades cometidas durante la guerra.

Conclusión

Al pasar la última página de este libro, tómese un momento para apreciar la importancia de los relatos sobre los que ha leído y su impacto duradero en la actualidad. Esta exploración le recordará la diversidad histórica que ha dado forma al continente europeo y que sigue influyendo allí y en el resto del mundo. Ha aprendido todo sobre las épocas del pasado de Europa, desde las asombrosas civilizaciones de Grecia y Roma, con sus monumentales contribuciones a la filosofía, el arte y el gobierno, hasta las tumultuosas olas de la Edad Media, donde caballeros, reyes y campesinos desempeñaron su papel en la forja del destino del continente. No puede sino maravillarse ante la explosión de creatividad del Renacimiento y ser testigo de las profundas transformaciones que trajo consigo la Ilustración, una época que defendía la razón, la libertad y la igualdad.

A lo largo de estas historias, también se ha encontrado con individuos cuyas acciones e ideas han reverberado a través de los tiempos. Desde los pensamientos revolucionarios de Voltaire y Rousseau hasta el coraje de las rebeliones por los derechos humanos, estos individuos han dejado una huella imborrable en el curso de la historia europea. Sin embargo, este aprendizaje no debe ser únicamente una exploración del pasado, sino que debe servir de puente para comprender el presente y el futuro. La historia de Europa es un testimonio vivo de las consecuencias perdurables de las acciones pasadas. Los ecos de la construcción de imperios, las lecciones aprendidas de guerras devastadoras y las luchas por la democracia y los derechos humanos siguen dando forma a las sociedades e instituciones del continente.

En la Europa de hoy puede verse el producto de siglos de interacciones, conflictos y colaboraciones. La Unión Europea, entidad nacida de las cenizas de la Segunda Guerra Mundial, simboliza el compromiso de Europa con la unidad y la cooperación, impulsada por el imperativo de evitar otro conflicto catastrófico. Es esencial comprender estas historias en su contexto contemporáneo. La historia de Europa no es una reliquia lejana, sino una fuerza siempre presente que configura las sociedades, la política y la memoria colectiva actual. En este mundo cada vez más interconectado, donde las acciones en una parte del globo pueden tener consecuencias de largo alcance, las lecciones de la historia son más vitales que nunca.

La historia europea no es solo una colección de relatos; es un legado vivo que sigue dando forma al mundo de hoy. Estos relatos deberían inspirar para aprender del pasado, fomentar la empatía y la comprensión y trabajar por un futuro que valore la diversidad, defienda la paz y los ideales de justicia y progreso.

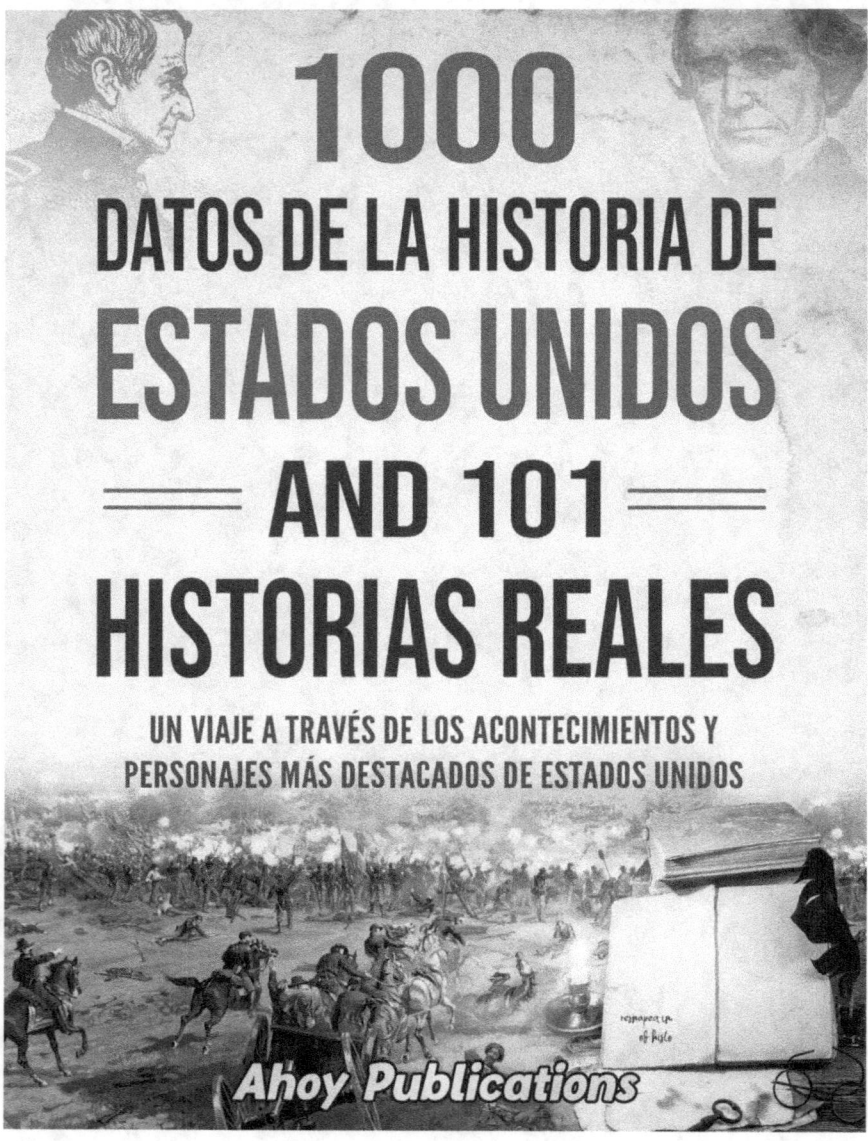

Fuentes y referencias adicionales

"Upper Paleolithic Period." Britannica, Encyclopedia Britannica, Sept. 2020, www.britannica.com/topic/Upper-Paleolithic-period.

"Neolithic Revolution." Encyclopedia Britannica, July 2020, http://www.britannica.com/event/Neolithic-Revolution.

Hingley, Richard. The Bronze Age: A Social and Economic History. Routledge, 2012.

Cunliffe, Barry. The Ancient Celts. Oxford University Press, 1997.

Cunliffe, Barry W., and Chris Gosden. The Oxford Illustrated History of Prehistoric Europe. Oxford University Press, 2001.

Wright, Rachel. "Minoan and Mycenaean Art." Khan Academy, Khan Academy, www.khanacademy.org/humanities/ancient-art-civilizations/aegean/minoan-mycenaean/a/minoan-and-mycenaean-art.

Rosen, Marc. The Iron Age: An Overview. Facts on File, 2006.

Roberts, J.M. History of the World. Oxford University Press, 1993.

"Roman Republic." Encyclopedia Britannica, Mar. 2018, www.britannica.com/topic/Roman-Republic.

"Greco-Persian Wars." Encyclopedia Britannica, Sept. 2018, https://www.britannica.com/event/Greco-Persian-Wars.

Boak, Arthur E. R. A History of Rome to 565 A.D. Macmillan, 1923.

"Migration Period." Ancient History Encyclopedia, Ancient History Encyclopedia, Aug. 2018, www.ancient.eu/migration_period/.

"The Byzantine Empire." History.com. A&E Television Networks, Apr. 2021.

"The Early Middle Ages." Encyclopedia Britannica, May 2017, www.britannica.com/event/Early-Middle-Ages.

Jensen, Jens Christian. "Vikings." Encyclopedia Britannica, May 2019, www.britannica.com/topic/Viking.

"Vikings." History.com, A&E Television Networks, https://www.history.com/topics/vikings

"Charlemagne." Encyclopedia Britannica, Mar. 2020, https://www.britannica.com/biography/Charlemagne.

Hunt, E.D., and Mary Rivier. Medieval Europe: A Short History. McGraw-Hill Education, 2014.

"Art in the Renaissance." Khan Academy. April 15, 2021.
https://www.khanacademy.org/humanities/renaissance-reformation/renaissance-europe/a/renaissance-art.

Kort, Michael. The Age of Exploration: Discovering the New World. Rosen, 2013.

"The Scientific Revolution," Encyclopedia Britannica
https://www.britannica.com/event/Scientific-Revolution

"The Thirty Years' War." History.com, A&E Television Networks, Aug. 2017,
https://www.history.com/topics/european-history/thirty-years-war

McPhee, Peter. The French Revolution. Routledge, 2017.

"Napoleon Bonaparte." Encyclopedia Britannica, Mar. 2021,
www.britannica.com/biography/Napoleon-Bonaparte

Smith, David. "Industrial Revolution." Encyclopedia Britannica, Feb. 2020,
www.britannica.com/event/Industrial-Revolution.

"Industrial Revolution." History.com, A&E Television Networks, 2009,
www.history.com/topics/industrial-revolution.

"Napoleonic Wars." Encyclopedia Britannica, 2020, https://www.britannica.com/event/Napoleonic-Wars.

"Greek War of Independence." Encyclopedia Britannica, Oct. 2018,
https://www.britannica.com/event/War-of-Greek-Independence

"The Crimean War." History, A&E Television Networks, 2020,
https://www.history.com/topics/european-history/crimean-war

"German Unification." History.com, A&E Television Networks, 2021,
www.history.com/topics/german-unification

"1848 Revolutions." Encyclopedia Britannica, Feb. 2021,
https://www.britannica.com/event/Revolutions-of-1848

"Scramble for Africa." History.com, A&E Television Networks,
https://www.history.com/topics/africa/scramble-for-africa

"World War I." History.com, A&E Television Networks, www.history.com/topics/world-war-i/world-war-i-history.

"WWI Casualties and Statistics." History Learning Site,
www.historylearningsite.co.uk/world-war-one/world-war-one-casualties-statistics/.

"Soviet Union." Encyclopedia Britannica, June 2021, www.britannica.com/place/ Soviet-Union.

"A Brief History of the Russian Revolution." History.com, A&E Television Networks, Aug. 2016, www.history.com/topics/russia/russian-revolution.

"World War II." History.com, A&E Television Networks,
https://www.history.com/topics/world-war-ii.

"The Holocaust." United States Holocaust Memorial Museum,
https://www.ushmm.org/learn/timeline-of-events/the-holocaust.

"The Cold War." History, A&E Television Networks, www.history.com/topics/cold-war.

"WWII and Decolonization." The History Channel, A&E Television Networks, LLC, https://www.history.com/topics/world-war-ii/wwii-and-decolonization.

"History of the European Union." Europa, European Commission, https://europa.eu/european-union/about-eu/history_en.

"The Prague Spring'." Britannica, The Editors of Encyclopedia Britannica, www.britannica.com/event/Prague-Spring.

"Yugoslav Wars." Britannica, The Editors of Encyclopedia Britannica, Jan. 2020, www.britannica.com/event/Yugoslav-wars.

(s.f.). Wordpress.Com. https://mrcaseyhistory.files.wordpress.com/2019/02/vikings-raiders-or-traders.pdf

(s.f.). Uchicago.edu. https://penelope.uchicago.edu/~grout/encyclopaedia_romana/miscellanea/cleopatra/egypt.html#:~:text=Julius%20Caesar%20defeated%20Ptolemy%20XII,XIII%20on%20the%20Egyptian%20throne.

(N.d.-b). Historyofinformation.com. https://www.historyofinformation.com/detail.php?entryid=3337

1769-1793: Los primeros años de Napoleón Bonaparte. (s.f.). Napoleon.org. https://www.napoleon.org/en/history-of-the-two-empires/timelines/1769-1793-napoleon-bonapartes-early-years/

Adolf Hitler: Ascenso al poder, impacto y muerte. (2009, 29 de octubre). HISTORY. https://www.history.com/topics/world-war-ii/adolf-hitler-1

Anastasi, L. (2023, 23 de abril). El sitio de París: Ciudad bajo el fuego. Historia Medieval - Yesterday in a Nutshell. https://historymedieval.com/the-siege-of-paris-city-under-fire/

La democracia de la antigua Grecia. (2018, 23 de agosto). HISTORIA. https://www.history.com/topics/ancient-greece/ancient-greece-democracy

Golpe de estado en una cervecería. (2009, 9 de noviembre). HISTORIA. https://www.history.com/topics/european-history/beer-hall-putsch

Bertocchi, G. (2016). Los legados de la esclavitud dentro y fuera de África. IZA Journal of Migration, 5(1). https://doi.org/10.1186/s40176-016-0072-0

Cuidado con los idus de marzo: El asesinato de Julio César en el arte. (sin fecha). Artuk.org. https://artuk.org/discover/stories/beware-the-ides-of-march-julius-caesars-assassination-in-art

El nacimiento de los vikingos. (s.f.). Sky HISTORY TV Channel. https://www.history.co.uk/shows/vikings/articles/birth-of-the-vikings

Peste Negra - Peste bubónica, Europa, 1347. (s.f.). En Encyclopedia Britannica.

Biblioteca Británica. (s.f.). Www.Bl.UK; The British Library.

British Library. (s.f.). Www.Bl.UK; La Biblioteca Británica

César cruza el Rubicón. (s.f.). Nationalgeographic.org. https://education.nationalgeographic.org/resource/caesar-crosses-rubicon/

Campbell, E. M. J., & Fernandez-Armesto, F. (2023). Vasco da Gama. En Enciclopedia Británica.

Cartwright, M. (2016). Pizarro y la caída del Imperio inca. World History Encyclopedia. https://www.worldhistory.org/article/915/pizarro--the-fall-of-the-inca-empire/

Cartwright, M. (2020). Revuelta de los campesinos. Enciclopedia de Historia Mundial.

Cartwright, M. (2021). Vasco da Gama. Enciclopedia de Historia Mundial. https://www.worldhistory.org/Vasco_da_Gama/

Cartwright, M. (2023). La democracia ateniense. Enciclopedia de Historia Universal. https://www.worldhistory.org/Athenian_Democracy/

Cartwright, M. (2023). La peste negra. Enciclopedia de Historia Mundial. https://www.worldhistory.org/Black_Death/

Chintaluri, A., & Chintaluri, A. (2022, 18 de abril). El ágora de la antigua Atenas - Todo lo que necesita saber para planear su visita [Video]. Headout Blog. https://www.headout.com/blog/agora-of-athens/

Cristóbal Colón llega al «Nuevo Mundo». (2009, 24 de noviembre). HISTORIA. https://www.history.com/this-day-in-history/columbus-reaches-the-new-world

Cristóbal Colón. (2009, 9 de noviembre). HISTORIA. https://www.history.com/topics/exploration/christopher-columbus

Colón desembarca en Sudamérica. (2010, 21 de julio). HISTORIA. https://www.history.com/this-day-in-history/columbus-lands-in-south-america

Fundación de Derechos Constitucionales. (s.f.). Crf-usa.org.

Decamerón web. (s.f.-a). Brown.edu. https://www.brown.edu/Departments/Italian_Studies/dweb/plague/effects/social.php

Dow, D. (s.f.). ¿Quién mató a Julio César y por qué lo traicionaron? Magellantv.com. https://www.magellantv.com/articles/who-killed-julius-caesar-why-was-he-betrayed

Revolucionarios franceses asaltan la Bastilla. (2009, 24 de noviembre). HISTORIA. https://www.history.com/this-day-in-history/french-revolutionaries-storm-bastille

García, B. (2018). Rómulo y Remo. Enciclopedia de la Historia Universal. https://www.worldhistory.org/Romulus_and_Remus/

Gill, N. (2018). *Ecclesia*, la asamblea griega. ThoughtCo. https://www.thoughtco.com/ecclesia-assembly-of-athens-118833

Grecia; los pros y los contras de la democracia en ella - 2680 Words | Bartleby. (s.f.). https://www.bartleby.com/essay/Greece-The-Pros-and-Cons-of-Democracy-P3MAPS83DRVA

Las ciudades-estado griegas. (s.f.). https://education.nationalgeographic.org/resource/greek-city-states/

Greenspan, J. (2012, 22 de junio). ¿Por qué la invasión de Rusia por Napoleón fue el principio del fin? HISTORIA. https://www.history.com/news/napoleons-disastrous-invasion-of-russia

Historia y Política. (s.f.). History & Policy. https://www.historyandpolicy.org/policy-papers/papers/the-economic-consequences-of-plague-lessons-for-the-age-of-covid-19

Holmes, R. C. L. (2021, 16 de enero). Las guerras Galas: Cómo Julio César conquistó la Galia (actual Francia). TheCollector. https://www.thecollector.com/gallic-wars-how-julius-caesar-conquered-gaul/

¿Cómo llegó Julio César al poder? (sin fecha). Ipl.org. https://www.ipl.org/essay/How-Did-Julius-Caesar-Rise-To-Power-PC9XYVHT8SM

Hudson, M. (2023). Batalla de Tenochtitlán. En Encyclopedia Britannica.

Introducción a «¿Qué es la Ilustración?» de Kant. (s.f.). K-State.Edu. https://www.k-state.edu/english/baker/english233/Kant-WIE-intro.htm

Jarus, O. (2020, 11 de marzo). Lindisfarne: La «Isla Santa» donde los vikingos derramaron «sangre de santos». Livescience.Com; Live Science. https://www.livescience.com/lindisfarne.html

Johnson, N., Koyama, M., & Jedwab, R. (s.f.). Pandemias, lugares y pueblos: Evidencias de la peste negra. CEPR. https://cepr.org/voxeu/columns/pandemics-places-and-populations-evidence-black-death

Julio César cruza el Rubicón, 49 a. C. (s.f.). Eyewitnesstohistory.com. http://www.eyewitnesstohistory.com/caesar.htm

Cómo el Primer Triunvirato cambió la antigua Roma. (s.f.). History Skills. https://www.historyskills.com/classroom/ancient-history/anc-1st-triumvirate-reading/

Wasson, D. L. (2016). Primer Triunvirato. Enciclopedia de Historia Mundial. https://www.worldhistory.org/First_Triumvirate/

Julio César. (s.f.). Nationalgeographic.org. https://education.nationalgeographic.org/resource/julius-caesar/

El ascenso al poder y la dictadura de Julio César. (2022, 15 de septiembre). Edubirdie. https://edubirdie.com/examples/julius-caesars-rise-to-power-and-dictatorship/

Lesso, R. (2022). ¿Qué eran las ciudades-estado de la antigua Grecia? TheCollector. https://www.thecollector.com/what-were-the-city-states-of-ancient-greece/

Vida y enseñanzas de Jesús. (s.f.). Pluralism.Org. https://pluralism.org/life-and-teachings-of-jesus

Little, B. (2023, 13 de julio). El complicado círculo íntimo de Cleopatra: Hermanos, sucesores y amantes. HISTORY. https://www.history.com/news/cleopatras-complicated-inner-circle-siblings-successors-and-lovers

Lochun, K. (2020, 21 de diciembre). ¿Quiénes eran los Rus de Kiev y qué tienen que ver con los vikingos? HistoryExtra. https://www.historyextra.com/period/viking/rus-vikings-kievan-rus-rurik-vladimir-great/

Marco, S. (2023, 14 de marzo). César y Cleopatra en Egipto. Odysseytraveller.com; Odyssey Traveller. https://www.odysseytraveller.com/articles/caesar-and-cleopatra-in-egypt/

Marco, H. W. (2023). Batalla de Austerlitz. World History Encyclopedia. https://www.worldhistory.org/article/2253/battle-of-austerlitz/

Mark, J. J. (2018). Rus de Kiev. Enciclopedia de Historia Mundial. https://www.worldhistory.org/Kievan_Rus/

Mark, J. J. (2020). Efectos de la peste negra en Europa. Enciclopedia de Historia Mundial. https://www.worldhistory.org/article/1543/effects-of-the-black-death-on-europe/

Martínez, J. (2023). La familia Medici: Máximo poder y legado en el Renacimiento. TheCollector. https://www.thecollector.com/the-medici-family-legacy/

McLean, J. (s.f.-a). La derrota de Napoleón en Waterloo. Lumenlearning.com. https://courses.lumenlearning.com/suny-hccc-worldhistory2/chapter/napoleons-defeat-at-waterloo/

McLean, J. (s.f.-b). El Código Napoleónico. Lumenlearning.com. https://courses.lumenlearning.com/suny-hccc-worldhistory2/chapter/the-napoleonic-code

/Medievalists.net. (2023, 18 de julio). Cómo llegó el cristianismo a la Europa medieval. Medievalists.Net. https://www.medievalists.net/2023/07/christianity-medieval-europe/

Moya, M. J. (2022, 17 de marzo). San Patricio, el hombre detrás de la fiesta de San Patricio, ni siquiera era irlandés. USA Today. https://www.usatoday.com/story/news/2022/03/17/st-patrick-day-saint/7039195001/

Napoleón Bonaparte. (2009, 9 de noviembre). HISTORIA. https://www.history.com/topics/european-history/napoleon

Napoleón Bonaparte. (2020, 11 de octubre). BYJUS; BYJU'S. https://byjus.com/free-ias-prep/napoleon-bonaparte/

Napoleón invade Rusia. (s.f.). Nationalgeographic.org. https://education.nationalgeographic.org/resource/napoleon-invades-russia/

Aprobado en Francia el Código Napoleónico. (2010, 9 de febrero). HISTORIA. https://www.history.com/this-day-in-history/napoleonic-code-approved-in-france

ODISEA/Roma. (s.f.). Emory.edu. https://carlos.emory.edu/htdocs/ODYSSEY/ROME/romulus.html

Operación Barbarroja: por qué la invasión de Hitler a la Unión Soviética fue su mayor error. (2021, 3 de marzo). HistoryExtra. https://www.historyextra.com/period/second-world-war/operation-barbarossa-hitlers-greatest-mistake/

De pagana a cristiana: La transformación de Roma. (2017, 17 de abril). Brewminate: Una atrevida mezcla de noticias e ideas. https://brewminate.com/pagan-to-christian-the-transformation-of-rome/

Pandemias y persecución de minorías: Evidencias de la peste negra. (sin fecha). CEPR. https://cepr.org/voxeu/columns/pandemics-and-persecution-minorities-evidence-black-death

PBS - Napoleón: Napoleón en la guerra. (s.f.). Pbs.org. https://www.pbs.org/empires/napoleon/n_war/campaign/page_6.html

Persecución de los judíos: razones, enfermedades e historia. (s.f.). Montana.edu. https://www.montana.edu/historybug/yersiniaessays/pariera-dinkins.html

Pirie, M. (2019, 30 de mayo). Voltaire, campeón de la libertad -. Adam Smith Institute. https://www.adamsmith.org/blog/voltaire-champion-of-freedom

Rattini, K. B. (2019, 20 de febrero). Julio César - Datos e información. National Geographic. https://www.nationalgeographic.com/culture/article/julius-caesar

Período del Renacimiento: Cronología, arte y datos. (2018, 4 de abril). HISTORY. https://www.history.com/topics/renaissance/renaissance

Ritzmann, I. (1998). La peste negra como causa de las masacres de judíos: ¿un mito de la historia de la medicina? Medizin, Gesellschaft, Und Geschichte: Jahrbuch Des Instituts Für Geschichte Der Medizin Der Robert Bosch Stiftung, 17. https://pubmed.ncbi.nlm.nih.gov/11625662/

Roosen, J., & Curtis, D. R. (2019). El 'toque ligero' de la peste negra en el sur de los Países Bajos: un mito urbano: LA MUERTE NEGRA EN EL SUR DE LOS PAÍSES BAJOS. The Economic History Review, 72(1), 32-56. https://doi.org/10.1111/ehr.12667

Russell, E., Universidad de Cambridge, Parker, M., & Universidad de Bristol. (2020, 2 de julio). Cómo la peste negra hizo más ricos a los ricos. BBC. https://www.bbc.com/worklife/article/20200701-how-the-black-death-make-the-rich-richer

Sakoulas, T. (s.f.). El Ágora de Atenas. Esta página y todo su contenido son Copyright © 2002-hoy, Ancient-Greece.org. Todos los derechos reservados. Para obtener información sobre la cesión de derechos de autor, consulte la página Acerca de. https://www.ancient-greece.org/archaeology/agora.html

Singh, A. (2021, 19 de febrero). La vida temprana de Adolf Hitler. Wondrium Daily.

Singh, A. (2022, 25 de abril). Peste negra y pueblos medievales: Resiliencia durante una pandemia. Wondrium Daily

Taylor, A. (2011, 16 de octubre). La Segunda Guerra Mundial: El Holocausto. Atlantic Monthly (Boston, Mass.: 1993). https://www.theatlantic.com/photo/2011/10/world-war-ii-the-holocaust/100170/

El impacto económico de la peste negra. (s.f.). .eh.net. https://eh.net/encyclopedia/the-economic-impact-of-the-black-death/

Los editores de la Enciclopedia Británica. (1998, 20 de julio). Familia Sforza | Renacimiento italiano, Milán y política. Encyclopedia Britannica. https://www.britannica.com/topic/family-kinship

Los Editores de la Enciclopedia Británica. (2023, 10 de marzo). Consejo de los Quinientos | Atenas, Grecia Antigua & Definición. Encyclopedia Britannica. https://www.britannica.com/topic/Council-of-Five-Hundred-ancient-Greek-council

Los editores de la Enciclopedia Británica. (2011). Calendario romano republicano. En Enciclopedia Británica.

Los editores de la Enciclopedia Británica. (2023). Tratado de Tordesillas. En Enciclopedia Británica.

The Great Courses. (2017, 1 de diciembre). El camino de César hacia el Rubicón-Roma entra en guerra. Diario Wondrium.

The Great Courses. (2017, 12 de octubre). ¿Quién fue Napoleón Bonaparte? Sus primeros años. Wondrium Daily.

El calendario juliano entra en vigor por primera vez el día de Año Nuevo. (2010, 21 de julio). HISTORIA. https://www.history.com/this-day-in-history/new-years-day

El Putsch de Múnich - El Holocausto explicado: Diseñado para escuelas. (sin fecha). Theholocaustexplained.org. https://www.theholocaustexplained.org/the-nazi-rise-to-power/the-early-years-of-the-nazi-party/the-beer-hall-putsch/

La revuelta de los campesinos. (2022, 25 de febrero). BBC. https://www.bbc.co.uk/bitesize/topics/z93txbk/articles/zyb77yc

El ascenso de Napoleón. (s.f.). Studentsofhistory.com. https://www.studentsofhistory.com/the-rise-of-napoleon

El Imperio romano: Breve historia. (s.f.). Mpm.edu. https://www.mpm.edu/research-collections/anthropology/anthropology-collections-research/mediterranean-oil-lamps/roman-empire-brief-history

El Imperio romano: En el siglo I. El Imperio romano. Emperadores. Julio César. (s.f.). Pbs.org. https://www.pbs.org/empires/romans/empire/julius_caesar.html

Los romanos - El gobierno romano. (2013, 19 de noviembre). Historia. https://www.historyonthenet.com/the-romans-roman-government

La familia Sforza. (s.f.). https://www.sgira.org/patrons_sforza.htm

El comercio transatlántico de esclavos - Pasajes africanos, adaptaciones lowcountry - lowcountry digital history initiative. (s.f.). Cofc.edu. https://ldhi.library.cofc.edu/exhibits/show/africanpassageslowcountryadapt/introductionatlanticworld/trans_atlantic_slave_trade

Tratado de Tordesillas. (s.f.). Nationalgeographic.org. https://education.nationalgeographic.org/resource/treaty-tordesillas/

Vernon, J. (2023, 14 de marzo). Los Idus de marzo - un día en que un asesinato cambió el mundo para siempre. National Geographic. https://www.nationalgeographic.com/history/article/julius-caesar-ides-of-march

Volle, A. (2023). Asalto a la Bastilla. En Enciclopedia Británica.

Wareing, J. (2018, 30 de noviembre). Cómo Roma llegó a ser gobernada por emperadores. Highbrow. https://gohighbrow.com/how-rome-came-to-be-ruled-by-emperors/

Watts, E. (2020, 27 de octubre). La complacencia pagana y el nacimiento del Imperio romano cristiano. Aeon; Aeon Magazine. https://aeon.co/essays/pagan-complacency-and-the-birth-of-the-christian-roman-empire

¿Qué fue la operación «Barbarroja»? (s.f.). Imperial War Museums. https://www.iwm.org.uk/history/what-was-operation-barbarossa

Cuando los vikingos gobernaban en Gran Bretaña: Breve historia de Danelaw. (s.f.). Canal de televisión Sky HISTORY. https://www.history.co.uk/articles/when-the-vikings-ruled-in-britain-a-brief-history-of-danelaw

Wilde, R. (2019). Auge y caída de la familia Borgia. ThoughtCo. https://www.thoughtco.com/the-borgias-infamous-family-of-renaissance-italy-1221656

La Segunda Guerra Mundial y el Holocausto, 1939-1945 - United States holocaust memorial museum. (sin fecha). Ushmm.org. https://www.ushmm.org/learn/holocaust/path-to-nazi-genocide/chapter-4/world-war-ii-and-the-holocaust-1939-1945

Xviii, L. (2009, 6 de noviembre). La batalla de Waterloo. HISTORY. https://www.history.com/topics/european-history/battle-of-waterloo

Zarevich, E. R. (2021, 1 de julio). Cómo la peste negra condujo a la revuelta de los campesinos. Explorethearchive.com; Open Road Media. https://explorethearchive.com/peasants-revolt

Fuentes de imágenes

[1] https://commons.wikimedia.org/wiki/File:Map_of_Athens,_1890.jpg

[2] http://www.ohiochannel.org/, Atribución, vía Wikimedia Commons: https://commons.wikimedia.org/wiki/File:Cleisthenes.jpg

[3] Walter Pompe, CC BY-SA 4.0 https://creativecommons.org/licenses/by-sa/4.0, vía Wikimedia Commons: https://commons.wikimedia.org/wiki/File:Walter_Pompe,_De_Romeinse_wolvin_met_Romulus_en_Remus-_La_louve_romaine_avec_Romulus_et_Remus,_KBS-FRB.jpg

[4] https://commons.wikimedia.org/wiki/File:Cleopatra_and_Caesar_by_Jean-Leon-Gerome.jpg

[5] Pasquale Paolo Cardo de Finale Ligure (Savona), Italia, CC BY 2.0 https://creativecommons.org/licenses/by/2.0, vía Wikimedia Commons. https://commons.wikimedia.org/wiki/File:Circello_-_The_Little_Baby_Jesus_(24169449556).jpg

[6] Nheyob, CC BY-SA 4.0 https://creativecommons.org/licenses/by-sa/4.0, vía Wikimedia Commons: https://commons.wikimedia.org/wiki/File:Saint_Patrick_Catholic_Church_(Junction_City,_Ohio)_-_stained_glass,_Saint_Patrick_-_detail.jpg

[7] U+1F360, CC BY-SA 4.0 https://creativecommons.org/licenses/by-sa/4.0, vía Wikimedia Commons. https://commons.wikimedia.org/wiki/File:Vikings_Undead.jpg

[8] Hel-hama, CC BY-SA 3.0 https://creativecommons.org/licenses/by-sa/3.0, vía Wikimedia Commons: https://commons.wikimedia.org/wiki/File:England_878.svg

[9] https://commons.wikimedia.org/wiki/File:Doutielt3.jpg

[10] https://commons.wikimedia.org/wiki/File:Last_Judgement_by_Michelangelo.jpg

[11] https://commons.wikimedia.org/wiki/File:Cesareborgia.jpg

[12] https://commons.wikimedia.org/wiki/File:The_first_sight_of_the_new_world_-_Columbus_discovering_America_LCCN2006678625.tif

[13] https://commons.wikimedia.org/wiki/File:Greg%C3%B3rio_Lopes_-_Vasco_da_Gama_(ca_1524).jpg

[14] Snow Minister, CC BY-SA 4.0 https://creativecommons.org/licenses/by-sa/4.0, vía Wikimedia Commons. https://commons.wikimedia.org/wiki/File:Enlightenment_.png

[15] https://commons.wikimedia.org/wiki/File:Immanuel_Kant_3.jpg

[16] https://commons.wikimedia.org/wiki/File:Napoleon_I_of_France_by_Andrea_Appiani.jpg

[17] Sashi Suseshi, CC BY-SA 4.0 https://creativecommons.org/licenses/by-sa/4.0, vía Wikimedia Commons. https://commons.wikimedia.org/wiki/File:Adolf_Hitler_in_Color.jpg